吹奏楽の

藤重先生の'ブラバン日記

日々の練習と
指導のヒント集

藤重佳久（著）

Gakken

本を作るにあたって！

　この本には今までの吹奏楽関係の本と違い、実際の現場ではどのような考えや、やり方をすれば良いのかが綴られている。現場は理想と違い、生身の人間をどう育てていくかという途方もなく大変な場所である。この本はブログに書いたものを編集したものであるが、本音で語った実体験にもとづく物語だ。

　吹奏楽指導を約40年やってきて、その間色々な出会いや経験があり自分が成長出来たことに感謝したい。なかでもコンクールという華やかなステージで演奏をできたことは自信につながり、さらに夢を持ち頑張ることができた。もちろんコンクールだけでなく、コンサートや外国での演奏経験によって、吹奏楽の活動のあり方まで勉強をすることが出来た。とくに指導においては、偉大な先生方や友人との出会いにより成長することができ、日々実践と反省の繰り返しの毎日になった。

　指導の根本の理念は、生徒の個性豊かな能力をどのように引き出すかにかかっている。コンクールに勝つことが全てではない。その生徒が音楽を好きになり、集団活動であるバンドの中での、ルールやマナーなどの社会性や人間関係のあり方を学ぶことが大事なのだ。そして生徒は友情の素晴らしさや感動的な達成感・思い出を作り、人生を豊かなものとすることが出来ると信じる。そしてそれは自分だけで出来たのではない、家族やいろいろな方のおかげで今の自分があるという感謝の気持ちを持つことが出来るような人になって欲しい。ややもすると人は傲慢になったりして、謙虚さを忘れることがある。部活動において色々な場面で揉まれることでこそ、人間的な成長ができ「人柄」ができるのだ。

　何より音楽の魅力は音楽活動をすることである。地域におけるコンサートや講習会、指導者のための講習会こそ我々大人が作る場である。音楽文化のなかではとくにクラシックやジャズなどの音楽は一見難しいのだが、一度その世界を覗いてみると、その豊かな世界が人生に元気と勇気を与えてくれることに気づくこととなる。

　まだまだ未熟である自分が、今まで沢山の人のおかげでなんとか活動ができたことに感謝する。この本が吹奏楽の活動を通じ、人生が楽しくそして感動がある生活となることの一助になれば幸いだ。

　この本ができるにあたって学研の小松様、色々ご尽力くださりありがとうございました。後半に自分の関係した色々な人のお言葉をいただくことができた。ありがとうございます。

2021年3月14日　藤重佳久

第1楽章

日々の練習!

　「日々の練習」は言葉の通り、毎日の練習を包み隠さず赤裸々に書いたものだ。練習はまさに生きているし、良い時も悪い時もいろいろある。そのなかでもがきながら良い方向へもっていくのだ。実際には学校行事があったり、コロナ禍の影響があったりするので計画通りにはいかないのだ。しかもマーチングともなると、練習場の手配や、雨の日の対策など結構計画が変わることになる。こんななか全勢力を傾け、日々のたうち回っているのが現実だ。

日々の練習！
2020年5月~6月

5/28　初めてのブログのスタート、緊張する。これから2020年度の日々の練習について、記していく。参考になる部分があれば幸いである。

　新学期が始まった。コロナの影響で部活動は人数制限での練習になり、2学年までの練習（1・2年、1・3年、2・3年の組み合わせ）で再開だ。昨日は1年生と2年生による練習。まずみんな仲が良い。笑顔が素敵。最初に「ぼよよん行進曲」（NHK「おかあさんといっしょ」より）をみんなで踊る、そしてパートで挨拶を笑顔で明るく大きな声で行う。この日は寮礼拝があり、早めに練習が終わる。昨日のメインは基礎練習！

　結局、合奏の基礎練習、課題曲4、活水ブラスを練習。充実した練習だった。

　今日はもうひとつ、最近大変勉強になった本を紹介する。まず1冊目は『吹奏楽部員のためのココロとカラダの相談室』（学研プラス）。やはり気持ちの持ちようが大事だということ。指導者としての伝え方などすごく勉強になる。2冊目は『結局、「すぐやる人」がすべてを手に入れる』（青春出版社）。この本は何事も後手後手の私にぴったりの本、すごくためになった。

5/29　昨日はまず「シンデレラ・メドレー」を練習。鈴木英史さんのアレンジはよく響く。やっていて楽しい。生徒も2回目なのにびっくりするほどよく演奏している。2曲目は「ディスコ・キッド」。少しの時間しか練習しなかったが、かなり音楽的な演奏ができた。やはり上級生は上手い。

5/30　今日は土曜日、なんと1年生と2年生のメンバーの練習日だ。まずは昨日の練習の報告と「今日は何をしたら良いか」のミーティング。昨

日は２年生と３年生の練習日だった。やはり先輩の技術や集中力、反応は１年生とはだいぶ違う。

　今日の練習は久しぶりに楽しい筋肉体操からスタート。１年生がまだ慣れていないこともあり、ゲーム感覚のリトミックをする。まず、ユニゾンの歌、完全５度上下、長３度の上下、短３度の上下。やはり短３度は苦手であることが判明。次に足とびゲーム。だんだん熱が上がってきた。ここからはバニバニゲーム（緒形まゆみ先生のリトミックより）、これは笑いが起きて盛り上がる。そして最後は「世界は二人のために」で終了。ここまで約30分。

　今日の曲は１年生がいるので、課題曲４番『吹奏楽のための「エール・マーチ」』と「シンデレラ」。私はセクションを８パート見た。やはり細かく見ることにより丁寧な指導ができた。少しずつ基礎基本が出来てきているようだ。今日の基本はアーティキュレーションの演奏の確認。

　合奏は「エール・マーチ」と「シンデレラ」。「エール・マーチ」は約60分も見た。本格的な合奏の表現を主体にやったところ、どんどん上手くなった。あと残り時間は「シンデレラ」。２回しか通さなかったが、思ったより吹けた。とくにほとんど初めての１年生が「シンデレラ」を結構演奏できたのには驚いた。やはり曲の力と言える。

・・・

5/31

昨日は１年生、２年生の練習だったが、今日は１年生と３年生だ。１年生の基礎基本が定着しないので、本日も丁寧にパートごと個人的にレッスンする。これは全体練習では得られない確実な練習だ。見る見る良くなっていくのが実感できる。

　コントラバスの１年生が初心者なので、ＯＧの先輩に来てもらう。やはり実際に来てもらって良かった。

　今日の合奏は「エール・マーチ」と「シンデレラ」。どんどん急速に上手くなるのに驚くばかり、やはり基礎練習の効果が出てきた。最初は練習番号のＤまで。１回の指示で見違えるほど良くなったことに驚く。指導者も生徒も、良く聞くことが大事。聞こえるではなく聞くことができれば、合奏の攻略はかなり違う。誰かが、「勉強してない音は聞こえない」と言った。その通りだ、音色のブレンド感、ハーモニー感、フレーズ感、リズムやアーティキュレー

ションが揃っていないと濁る。これがわかる指導者は、断然合奏のスピード
が変わってくる。

6/2　　活水高校の「こころのしおり」から紹介する。
　① 吹奏楽部員は自分の立場を考える
　② ５Ｓは基本の社会性、すなわち整理（不要なものを捨てる）、整頓（使
いやすく並べて表示をすること）、清掃（綺麗に掃除をしながら、あわせて
点検すること）、清潔（綺麗な状態を維持すること）、躾（綺麗に使うように
習慣づけること）

　今日は１年生、２年生だけの練習。最近やり始めた「リトミック」。音程練習、
ユニゾン、完全５度、長３度を歌う。拍子感、リズムを心と体で感じる。初
見で「アラジン」を合奏する。なんとか通せた。さらに課題曲３番「僕らの
インベンション」を合わせてみた。難しいかなと思ったが、さらに飛躍でき
た。あと、「宝島」を合奏してみたら意欲的に取り組んだ。
　練習はルーティンも大事だが、内容に変化をつけたり、負荷を与えたりす
ることも大事だ。出来ないことが出来るようになるのが楽しいのだ。

6/3　　今日のメンバーは２年生、３年生なので、「高度な技術への指標」
と、とくに「僕らのインベンション」を突っ込んで練習。どんどん良くなり、
絶大な効果を感じる。
　各地で学校が再開している。部活動は３密のため、なかなか今まで通りに
行かない。もっとも懸念しているのは新入部員の勧誘ができず、部員を獲得
できないことだ。体験入部や、演奏を披露できないことも原因かもしれない。

6/4　　本日は１年生と３年生。パートでのユニゾン、完全５度、長３
度の確認を全パートで行う。しかしすぐにはできない、毎日のトレーニング
をしないとできないのだ。案の定、約半分くらいができなかった。しかしや
るだけのことはあった。
　昨日の即レコ（ヤマハから出ている録音システム）を録音。「ジャーニー」

（めちゃくちゃかっこいいＮＢＡ公式音楽。トランペットにハイＣがある）は、久しぶりの録音だがやはりかっこいい。課題曲３番「僕らのインベンション」、この曲はストーリー性があり素晴らしい曲。やればやるほど楽しい。音色もアンサンブルもかなり高度だが、やりがいのある課題曲。来年の課題曲になるそうだが、なんとか仕上げたいものだ。そして「宝島」、これは吹奏楽の定番。トランペット、トロンボーン、打楽器、サックスがかっこいい。ホルンも、木管高音楽器もオブリガートにやりがいを感じる。真島俊夫さんの名アレンジだ。この曲は１年生には結構難しいが、やる気満々なのできっと演奏できるようになる。

　曲を演奏する時のポイントは観客に聞いてもらえるレベルまで上げることだ。暗譜は必須！

　「シンデレラ・メドレー」はまだ３回ぐらいしか練習していない。しかもただ合奏するだけだと薄暗い。それがちょっとだけアドバイスするぐらいなのにどんどん良くなっていく。オーケストレーションが素晴らしい。各楽器の使用が素敵すぎる。なんとか仕上げたい！

6/5　　活水大学吹奏楽部の練習始まる。課題曲１番「トイズ・パレード」、「フェスティバル・ヴァリエーション」と「僕らのインベンション」、あとポップス、マーチングの曲を私が担当する。６月10日にレッスン。何をするか、今からワクワクドキドキ。

　１年生、２年生の練習は前日の練習の録音を聴いて反省。

　パートレッスンは２年生の部員にユニゾン、完全５度、長３度のハーモニーができるか確認。１年生は見学。これは簡単に見えて結構難しい。そもそもブレンドするためにはまず音色を添える。そして音程（広義ではピッチも含む）音形、音量などだが、一番の問題はアタックである。発音は難しい。ファゴットの発音、フルートの発音、バリトンサックスの発音、ホルンの発音などは音質そのものが違うだけに合わせる技術が必要。

　合奏をする、ほとんど１、２回で合わせる。「シンデレラ」「僕らのインベンション」「ジャーニー」（ＮＢＡ公式音楽）、前回よりさらに進化。上手くなっていくので生徒もノリノリ！

9月13日のポップス・ジャズフェスティバルの開催についてテレビ長崎の係の方と会議。なんとか開催したい思いが伝わる会議。エリックさんもリモートで参加できそう。色々なことがなくなるなかなんとかしてあげたい。

　「つながるプロジェクト」のお誘いを受ける。トランペット奏者で作曲家の三澤慶さんの提案で、作曲家17名が集まりコロナの影響で活動ができない吹奏楽愛好家の皆さんに感謝の気持ちを込め1つの作品を譜面と演奏動画としてお届けするというプロジェクト。これは素晴らしい活動。

　「音楽あこがれプロジェクト」始まる。吹奏楽の指導者有志が集まり何か生徒のためになる活動をしようと、全国からどんどん参加が始まった。そのうち詳細を紹介できればと。

・・・

6/6　　　1年生と3年生は「エール・マーチ」の合奏。ほとんど練習なしで合奏。しかしその前にリトミックで体と心で音楽を感じる練習をする。なんかワクワクするマーチが聞けた。

　2年生は「高度な技術への指標」「ディスコ・キッド」。両方とも相当難しいが、たまにはこんな曲も良い。演奏できないためにかなり焦る。やはり練習が必要だ。明日が楽しみ。負荷をかけることもたまには必要。

　そして今日はなんと、オーディション。やるにあたっては、なぜするのかの目的がないといけない。もちろん言い出しっぺは私。毎日の練習は大変良いことだが、やはりダレる。あの本番のドキドキがないからだ。なのでここらで緊張やワクワクが必要では、ということでやってみようとなった。みんな一生懸命。ほとんどの生徒が上手くいかなかったというが、絶大な効果があったと思う。明日からきっとすごい練習になるかもしれない。

・・・

6/7　　　前日に引き続きオーディション。2年生が朝から一人ひとり受ける。審査講評はパートリーダーと私。

　2年生は1年生より上手かった。ちょっと安心した。やはり人前で本番をすることはいろいろな勉強になると実感した。不安定な演奏は、明らかに練習不足。また考えのない演奏は無味乾燥で感動がない。そこには音楽と向き合った魂の演奏を期待する。間違いのない演奏から本当の演奏芸術が始まるのだ。

演奏という行為は誰も自分の代わりに音を出すことができない過酷な作業、だから人は聞いて感動するのだと思った。このオーディションは、ある意味では指導者が試されている場。生徒のせいにはできない！

今日はまず1・2年生と3年パートリーダーとの練習。昨日の演奏からは想像できないほど良かった。驚きだ。昨日の録音は凄まじくひどかったが、今日はそこをちょこっと指示しただけでびっくりするぐらいに上手くなった。

1年生と3年生の練習では、やはり基礎的な音色作りがまだまだと実感。今日はいろいろなビデオを見てイメージ作りをする練習だ。例えばホルンはベルリンフィルの演奏でシューマンの「ホルン4重奏とオーケストラのためのコンチェルトシュトゥック」、フルートは前田綾子さんのYouTube。このおかげでだいぶサウンドに変わった傾向が現れた。

2年生だけの練習では、リトミックで「汽車ポッポ」をする。心とガラダで表現するこのリトミックは絶対必要だと確信した。

こんな楽しいコルクボードを部員の皆さんが作った。楽しいバンドの雰囲気が伝わってくる。

6/8　コロナ禍による人数制限で学年ごとの練習が始まる。今日は初めて1年生だけで合奏。まず笑顔！　次に楽しく活発に練習。返事、挨拶は元気に！　色々な中学から来ている生徒たちでの初めての合奏。緊張しながらも、自分たちでも出来るという喜びを感じた。今後が楽しみだ。

まず最初に音楽を感じて演奏すること。次にビートと拍子に乗り、フレーズを感じること。もっと大事なことは、良い音色を目指すこと。まずオープ

ントーン（音をオープンな音色とクローズな音色と考える）だ。そしてアタックとリリース。リズムには生きたイントネーションがあることを教える。

　周りの音を聞き、指揮も見る。合奏のそれぞれの楽句を理解し、バランスをとり合奏することを教える。そして練習は暗譜とする！　音楽に妥協なしと教える！　等々色々と話さなければいけないことがいっぱいあるが、まずは本人たちにも意見や感想を出させながら練習すると、どんどん良くなっていく。そしてやはり知らないことがいっぱいあることがわかった。1年生だけだが、このバンドで何かしたいと強く感じた。

- -

6/9　　　2年生の練習は、2年生と3年生オーディションメンバーとの練習。「ディスコ・キッド」と「高度な技術への指標」。両方とも大変難しい曲だが、まず楽しんで演奏できていることが良い。ただやはり細部の練習ができていない。ハーモニーチェック、リズムの統一、バランス調整、ダイナミクスの変化、クライマックスの設定。少し練習しただけで格段に良くなった。やはり練習の計画のバランスが良くないのが発覚。今後反省し、調整したい。

- -

6/10　　　2年生、3年生の練習は「ディスコ・キッド」。今日は打ち合わせに3人の方が音楽室に来られた。日頃お客さんが来られたら、歓迎の演奏としてウェルカムコンサートをするようになっている。本日は「ディスコ・キッド」を演奏。これも小さな本番だ！　反省点としてはまず、笑顔で心のこもった挨拶ができていない。最も大事なコミュニケーションである挨拶ができていないことに愕然となる。では音楽はどうだったか。まずリズムが生き生きしていない。来客者が帰られたあと、ドラムセットの指導から丁寧にやってみる。今回は妥協せずに頑張ってみた。驚くように変わってきた。これだ！　これが練習なんだ、と久しぶりに心がワクワクした。あとは個人の演奏の完成度に対し、今回はしっかりメスを入れたところ、8割の生徒がまともな演奏力がなかった。そこで一人ひとり合格不合格と指示して練習させてみたら、全く別物の世界に入った。

　このしつこい、妥協のない演奏力が大事であることを再認識した。

6/11　1年生と3年生の練習、1年生の基礎基本がまだまだ確立していない。優しい曲で基礎を固める方が良いと判断。「ぼよよん行進曲」「J・ベスト」と「エール・マーチ」、合奏の基礎練習。まず楽しく練習すること。学校に慣れること。先輩と仲良くなること。

　今年度初めての大学練習をした。やはり大学生は上手い。各パートのレベルが高い。反応が早く練習がしやすい。練習するとどんどん上手くなる。新入生の名前もわからないが、今年のメンバーはやる気のある学生が集まっている印象。次回が楽しみだ。

6/12　何か最近、練習も音楽も生き生きさが不足しているように感じている。これはもちろん指導者の指導によるものだ。ただ楽譜を間違えずに演奏しているのでは音楽ではないと言い切れる。リズムの生き生きしたイントネーションは、そのものが楽しく息づいていないといけないものだ。まず心と体にビート感がないと結局死んだ音楽となりはてる。さてどうしたら良いか？　演奏者に刺激が必要だ。

　一昨日のこと、来客があったのでウェルカムコンサートをした。びっくりしたことに、まず楽しさが伝わらない、心がこもっていない冷めた演奏だった。しかも来客者を送る挨拶も死んだような、ただなんとなくのものだった。

　そこで気がつき、昨日はその反省として指導者自身が挨拶、演奏の違いをやって見せた。それだけでは変わらないと思い、「YMCA」「会津磐梯山」「風になりたい」をリバイバルし、1年生はダンス、3年生は演奏をしたところガラッと演奏も演出も変わった。そうすると、他の曲も生き生きし始めたではないか！　これには、こちらもびっくり。ということは、本番がこのような反省を作ったと言える。

　本来ならば、6月の第3週ぐらいにカラーガードとパーカッションショーの本番があるはずだったが、コロナの影響でなくなった。しかしこの時期に作っていれば12月の定期演奏会の重要なレパートリーになる。「やっておけよ」と言ったままにしておいたら、なんと個人練習はおろか楽器の選択、並び方など全く何もしていなかった。

丁寧に合奏や練習のバランス、ポイントを注意したところ、やっとエンジンがかかり始めたようだ。きっと明日からは変わっていくことだろう。

6/15　カラーガード、マーチングパーカッションの練習が先週からやっと始まった。悲惨極まりない状況だったが、やっと少し芽が出てきた。最初は途方に暮れ、もうやめようかと思ったぐらいだが、やめなくてよかった。昨日は卒業生も指導に来てくれた。

　午後は2年生、3年生の合奏。「ジャーニー」「ルイ・ブルジョワの讃歌による変奏曲」（以下「ルイブル」）、「エール・マーチ」、なんとか音が並んでいるくらいの合奏。上級生なので良く吹くことができるが、荒い演奏。しかし流石に音色が良いし、自信を持って演奏していることが良い。

6/16　さらに効果的な練習をするために、全体のメンバーを3つくらいに均等に分けてやったが、肝心の曲の練習ができていなく、あえなくメンバー再考となる。パーカッション、カラーガードの練習が一番できていないため練習するが、残念ながらメンバーがいない。ただそれなりに練習効果は上がった。クラリネット、ホルン、サックスのパートレッスンをする。まだまだ基本が充実していない状況。合奏は「エール・マーチ」と「J・ベスト」、大分良くなってきた。「エール・マーチ」の冒頭の装飾音符に手間取る。

6/17　1年、2年の練習はマーチングパーカッション、カラーガードの練習からスタートした。なかなか前進しないが、諦めずやるしかない。その後ユーフォニウムとトロンボーン、サックスと木管低音、ちょっとだけ分奏。まだまだ基礎基本ができていないが良い音が出てきた。最後は「エール・マーチ」と「J・ベスト」の録音。聞くと意外と良かった。伸びてきているなと実感！

6/18　今年2回目の大学の練習。　夜に見えたライトアップされた校舎は本当に美しく幻想的だ。この大学は日本で有数の美しい学校だ。

　大学生は素直で真面目である。今日も新しい曲を持ってきた。菅野よう子アニメ作品メドレーと髭男メドレー、いずれもニュー・サウンズ・イン・ブ

ラス2020の新譜。嬉しそうに演奏している姿は微笑ましい。そして今日は2回目の「フェスティバル・ヴァリエーション」、この曲は2回全国大会で演奏したことがある私の大好きな曲。8分の6拍子は慣れてないせいかリズムに乗れていない。だから練習しなくてはならない。後半のフーガがこの曲の真骨頂だ。来週が楽しみだ。

夜の校舎

6/19 　1年生、3年生の練習。1年生の基礎基本の徹底をするためには、やはり時間がかかる。しかしここは我慢のしどころだ。まだまだであるが、少しずつ良くなってきている。では3年生が良いかというと、これも表現力としてのパワー不足を感じる。まず音量の変化が少ない。アーティキュレーションが鮮やかでなかったり、ビブラートが上手くいかなかったりしている。そのあと初心者を一人ひとり見た。先輩と一緒に来てもらい、模範演奏もしながらのレッスンだ。やはり隣に良い音があるとどんどん育つ。最後に「アナ雪2」を初見練習。好きな曲は音が違う。意気込みが違うことを発見！

6/20 　午前中は1年生と3年生。そのちょっと前に映画『アナと雪の女王2』を鑑賞。だんだんと上手くなってきた。特に最後の「シンデレラ」は素晴らしい。午後は2年生、そこに3年生が手伝ってくれ、助かった。良い仕上がりだった。

　今日は保護者会役員会、昨年からの流れでの保護者会。ちょっと演奏を聴いてください、とお願いをした。嬉しかったのは、涙していた方もおられたこと。やっと生徒に演奏することの意義がわかってきたようだ。演奏することは、喜んでいただくことなのだ。

6/21 　本日は保護者会からおにぎりの差し入れをいただく。おにぎりだけでなく、デザートも。感謝の気持ちを添えて演奏を保護者に聞いてもらった。感動してもらい生徒も嬉しそうだ。

午前中は上級生による録音。課題曲と「ルイブル」、今できる最高の練習ができ、僕としては嬉しい。みんなよく頑張った。何と言ってもそれが一番だ。

　マーチングパーカッションを昼間にちょっとだけ練習。たった３回ぐらいしかやらなかったが、これが面白いようにどんどん上手くなる。どうしたの？

　午後は１年生と３年生。まず１年生はダンス。「会津磐梯山」「ＹＭＣＡ」「風になりたい」、ちょっと練習したらこれもどんどん上手くなる。上手い下手でなく一生懸命なら良し。

　本日は衣装の早着替えも敢行。ポンチョや法被（はっぴ）を着て喜んでいた。このあと、「エール・マーチ」のパート練習。合奏では驚くほどアンサンブルが出来てきた。この調子だ。最後に「シンデレラ・メドレー」を合奏する。上手い！　やはり鈴木氏の編曲だからか。良い音と音楽が心にしみる。

....

6/22

　最初に初心者のレッスン。初めて楽器を練習しているメンバーは、最初が肝心。すぐ下手になるので、確認のレッスンをしないといけない。最近は学年ごとではなく、曲によりメンバーをＡＢＣに分けるようになった。この方が練習効果が上がるからだ。今日はＢチーム（曲目で選んだメンバー）、曲目は「シンデレラ」、「エール・マーチ」、それからダンスの西先生が打ち合わせに来られた。レパートリーの「会津磐梯山」「ＹＭＣＡ」「風になりたい」を見ていただいた。そこで神の声が聞こえ、「シングシングシング」をせよ、と！　今録音を聞いてみるとなかなか良い。やはり鈴木氏のアレンジの力か、とてもよいサウンドと音楽。これなら良い。

....

6/23

　今年度初めての朝練習！　テスト１週間前なので、朝練の１時間だけ練習。今日はＢグループの練習！「ルイブル」と課題曲の録音、２回ずつ行う。１回目より数段上手くなるのに驚く。朝は清々しく、やっていて楽しい。

　帰って自宅で録音を聞いてみる。やっぱり相当ミスが多くがっかりだ。指揮をしていると客観的に聞くことができないのが問題。よく聞くことが指揮者にとって一番なのに。録音がありがたい。

6/24　　朝練習、まず挨拶。明るく元気に心を込めて挨拶しよう！

本日はカラーガードとマーチングパーカッション！

練習の流れは「計画→実行→確認→評価→反省→次の練習」！

まず集合状況はどうだろう。集団活動は、一人の遅れは全員の遅れになるということ。みんなで練習することはそもそも大変なこと。まず練習のスイッチが入っているか。

リーダーはまず自分自身が元気でやる気でないと他の人に影響する。そしてみんなが気持ちを一つにしているか。声かけをしているか。

計画をしたら何を本日の目当てにしているか。

実行したら、良かったら褒める、もう少しだったらもう少し頑張ろうねと評価することが大事。要はやるだけではいけないということ。

今日の練習で出来たこと、まだのところ、継続しなければならないことなど今後の計画を考える。個人の問題は個人の資質によることもあるが、その個人に合った練習内容を考えなければならない。今は出来なくてもこの練習を続ければ必ず出来るようになることもある。

出来ない生徒を叱るのでなく、どうやったら理解して出来るようになるか、個人差があるのでそれぞれ言い方も教え方も違って良いと思う。

6/25　　本日の朝練習は、昨日に続いてまたもやカラーガードとマーチングパーカッションの練習。なんと今日は朝から雨、これではカラーガードは練習できない。昨日からわかっていたことなので、今日はカラーガードでない練習の方が良かった。天気予報係は天気を知らせるだけでなく練習ができるのか、確認すべきだった。練習計画はやはり前日に決めるべきだった。しかしマーチングパーカッションは良くなった。最後の少ない時間にやっと合奏をした。「J・ベスト」なるポップスの曲。録音をしたのが良かった。カラーガードも録画をした。樋口さん（本校の外部講師で、精華の時の教え子）から基礎がだいぶできたとのこと、一安心だ。

大学は今年度3回目の練習、Aグループは基礎合奏と「フェスティバル・ヴァリエーション」。合奏を効果的にするためには、個人がちゃんと演奏で

きないと合奏にならない。

　ちょっとの時間、和音の聞き取りをしてみた。長3和音、短3和音、減3和音、増3和音の4種類。今日の合奏で今月は各パートのレッスンを30分することを思いついた。パート練習のやり方をチェックしたい。

　この「フェスティバル・ヴァリエーション」は音符が細かくまた音域も広いし、変拍子もある難解な曲であるが、基本的なことは何も変わらない。このような曲を演奏すると、響きがなくリズムも生きたイントネーションができなくなりやすい。

　練習の仕方さえ良かったらどんどん上手くなる。なぜこのような曲を練習するかというと、基本奏法ができているかどうかが、よくわかるからだ。しかもタイトルにフェスティバルとあるように、お祭りの曲である。音符に惑わされずに曲の本質に迫れば良いのである。

　練習後、ピザを全員に食べさせた。みんな美味しそうに食べたのでホッとした。懐は痛かったが。

- -

6/26　　本日も朝練、急遽録音の取り直しを思い立ち、「ルイブル」と「エール・マーチ」を35分間で録音した。これは上級生のグループで7時から7時40分まで。そのあと下級生のグループで「J・ベスト」と「トランペット吹きの休日」を練習。バッタバッタの練習だったが、いつもよりみんなで練習したのが良かった。

- -

6/29　　朝練習はCグループだ。1年生がかなりいるので基礎はちゃんとやらないといけないが、やはりなんとかレベルを上げたい。練習は同じことを毎日トレーニングすることも大事だが、できないことをできるようにすることも大事だ。

　今日は少し負荷を与えてみた。ソロとバンドの「トランペット吹きの休日」とトロンボーンの「ファニースライド」をやってみた。こういうのをじゃんじゃんすると、楽譜にも強くなると思う。

日々の練習！
2020年7月

7/4　　　昨日は高校のチャペルで私が学院を今年度で辞めることについて校長より説明があった。生徒全員が来て説明を聞いた。みんな真剣に聞いてくれた。そして学院のＨＰにも発表された。

校舎への階段

　今年度でこちらに来て６年目、精華を退職し、さらに大きな夢と希望を持ってこの場所に来た。高校はアンサンブル部という部活があった。大学は０だ。中学も０。私が赴任して来て初めて中学、高校、大学のバンドを作っていった。

　色々なことがあったが、いつも一生懸命にやったのが良かったように思う。この長崎に来てたくさんの思い出や経験ができた。一番良かったことは出会いだ。生徒や一緒にいろいろした仲間たちだ。

　この経験を基に、今後の目標に向けてさらに頑張りたい。

7/5　　　今年で活水を辞めることを活水のＨＰや生徒に伝えたところの反響が大きいのにびっくりした。この時期に発表したことには意味があるのだが、心配してくれる方、いつまでも応援すると言ってくれる方、色々おられるのに今更ながらことの重要性とこんなにたくさんの方々にお気遣いされていることに感謝したい。

　ある人に「蝶々夫人」は長崎を舞台とした世界的な曲なので演奏するように助言されたので、「ある晴れた日に」（天野正道編曲）をやってみた。やっぱり難しい。だからやるのだ。今日からやってみようと思った。

　練習はコロナ対策のため分散練習をしているが、なかなかまとまらない。なので昨日の最初のレッスンは個人レッスンからやった。個人はやはり一人

ひとり違うからだ。同じ曲でもＡとＢの人には助言が違う。だから個人のレッスンは必要だと実感した。レッスンには色々の形態があるが要は自分たちで自立できるようになることだ。パートレッスン、セクションレッスン、合奏レッスンはもちろん指導するわけだが、自分たちでもできるようにしたいのが本音だ。しかしもっとも効果が上がることはトレーニング（くり返し演習）である。きつい練習だ。上達はすぐにはできないのだ。さあ、人生をかけ頑張ろう。

7/6　　久しぶりに「ティコティコ」を練習してみた。楽しいし元気が出た。音楽はやはり裏切らない。次に「青春の輝き」を練習した。なんとカーペンターズを知らない生徒が沢山いた。YouTube でみんなに聞かせた。こんな曲こそ素敵だと実感。ソロもなかなかいい。次に１年生のために「国民の象徴」を練習した。ここで上級生に指導させてみた。よく知っている曲なので練習前と練習後の違いが大きかった。先輩も自信を持って指導したからだ。レパートリーはこのような形でやるといいことがわかった。「ルイブル」はさらに進化することができた。７月26日に行われるファミリーコンサートのために「長崎の鐘」を提案して練習した。ファゴットのソロ、サックスのソロ、トランペットのソロ、なかなかいい。最後にトランペットがめちゃくちゃ難しい「ジャーニー」（ＮＢＡの公式曲目）、以前よりなんとかできるようになったから驚く。すごいぞ我がトランペット。

7/10　　長崎は今日も大雨だった！　Facebook で見た高輪台高校のクラリネットアンサンブルと羽村一中の部活紹介ビデオがとても楽しかったので紹介。上級生中心の１グループと下級生中心の２グループに分け練習。下級生の基礎力アップを促す。今こそチャンス！　トレーニングしまくろう。

7/11　　長崎は今日も雨だった！　２日連続の休校、一体どうなっているのか。何をするか。そうだ、やることリスト100（ピアノ教室の先生が考えたものより）があった。よくよく考えるとすることはいっぱいある。昨日40名ぐらいの日誌を読んだ。感動する話があった。真実で素直な話は読ん

でなるほどと唸る。生徒といえど凄い。

　高校生の拡大委員会（パートリーダー、総務）を開いてみた。やはりミーティングは必要。確認と議論だ。効率的で効果的な練習だ。

7/12　なんと昨日は「アルヴァマー序曲」を最初の一発目の合奏で一回も止まらずに通すことができた。しかも下級生のチームである。びっくりした。やはり名曲の力だからなのか。同じ時間に平和会館ではカラーガードが講師にレッスンを受けていた。このレッスンのレポートが素晴らしかった。ほとんどの生徒のレポートが、真面目に内容のあるものだったからだ。午後にはマーチングパーカッションの講師が来られた。ご自分で作られた曲のレッスンであった。よく練習していることにびっくりしておられた。そして初心者の一人が大変難しいマーチングパーカッションのスネアを見事に演奏していたことにも驚いていた。また、昨日はたくさんのＯＧが来てくれた。カラーガード、パーカッションの先輩だ。こんなに来てくれることが素晴らしいことだ。あと10日ぐらいで本番がある。さあ、頑張るぞ！

7/13　本日2日目の「アルヴァマー序曲」の合奏だ。昨日より格段に上手くなっている。ちょっと安心した。必ず練習では録音するようにしている。聞いてみるとその場では気がつかないことがわんさか出てくるから面白い。その場では必死に聞いているのだが、やはりもっと聞かなくてはならないのだ。次に「ティコティコ」だ。これはすごく速いラテン音楽だ。ここで指導者である僕はプライドを持って練習することを伝えた。速い連符は一人ひとりのプライドで練習するしかない。これを注意されていてはいけない。一人ひとりの演奏の責任である。少しぐらい吹けなくてもいいやという気持ちではダメだ。我々は人に感動を与えなければならないからだ。

7/14　最近挨拶が良い。生徒のレポートの質も良くなった。本日はダンスの西先生がレッスンに来られた。「シンデレラ」の振り付けだ。今度のコンサートが楽しみになった。やはり演出はあった方が良い。衣装の確認もできた。2グループと1グループの合奏をした。約20分。朝練習の復習を

兼ねた。ダメ出しのレッスンをしたのち合奏。少し前進が見られた。

・・・

7/15 「アルヴァマー序曲」がどんどん仕上がる。昨日はゆっくりしたところの『クリーニング』、各声部を丁寧にアンサンブルし、サウンドを整える。やはりメロディーが美しく音楽が自然に心に響く名曲である。メンバーも指導者もやっていて楽しい。さあ、あと少しだ。「ルイブル」はさらにレベルが上がった。

・・・

7/17 ずっと欠席の生徒に道端でばったり会った。嬉しかった。バンドで一番気にしていることはメンバーの健康、気持ちだ。明るく元気だった。早く一緒に練習したい。

　今日はダンスの先生のレッスン。裏の練習ではダンス曲の合奏となる。

　数日前に「バンドジャーナル」が来た。付録の「麒麟がくる」を演奏してみる。大河ドラマの朗々たる音楽だ。これは楽しい。

　ダンスは1年生が主に担当だ。一生懸命に踊っていることが良い。あとは揃えること。なかでも「シンデレラ」と「紅蓮華」はかなり技術がいるし、これはきっとアピールできるだろう。

　合奏でだんだん基礎が固まってきた。またユニゾン、ハーモニーも良くなってきた。さらにダイナミックなサウンドのレベルを上げなくてはならない。個人練習とパート練習の仕方の向上も重要だ。

・・・

7/18 「アルヴァマー序曲」のゆっくりしたところを練習。ハーモニーが変わるところが素晴らしいし、そして何よりメロディーが美しい。全部通した時に最後のところでこのゆっくりしたところのメロディーが再びやってくるところがこの曲の最高の喜びだ。ここを大きな4拍子で指揮してみた。生徒に聞いたら誰もわかっていなかった。残念！　録音を聞いてみると昨日よりもさらに良くなっていた。「ティコティコ」も通した。以前やった時より上手くなっていた。個人練習でプライドが育ってきたな。

7/19 　昨日の練習は高校のチャペルでデンデラTV（YouTube配信団体）の収録。当初はコロナ禍で少人数のメンバーだけでの収録としていた。本番会場に来た。少人数では不完全と判断、急遽みんなが参加できるようにもう一曲増やした。曲目は「ファンファーレ」、「国民の象徴」、「アルヴァマー序曲」、「ルイ・ブルジョワの讃歌による変奏曲」、「風になりたい」だ。ここでの演出を思いついた。大きな彩りのある蝶ネクタイの使用だ。ずっと可愛い。やはり収録といえど本番は楽しいしアイデアがどんどん出てくる。そうだ誰かに聞いてもらおう。急遽衣装作りに来ているお母さんに来てもらい臨時の観客動員に成功した。もちろん席は離れて聞いてもらう。本番収録後は反省会。保護者やスタッフの感想が雄弁に物語っていた。とても良かったと！

7/20 　倉庫の片付けをする。何があるかもわからない倉庫の品々。衣装や大道具、その他いろいろあり整理できてよかった。一体今まで何をやっていたのだろう。整理整頓。これだ！　やってよかった。今日はたくさんの保護者の方が来られ、衣装を作っていただいた。本当に感謝しかない。アイスを差し入れした。

倉庫の片付け

なかではなんとお父さんがミシンをやってるではないか。感謝！

　部員は「お菓子パーティー」を開催。それぞれ持ち寄り楽しい会話と一緒に食した。成功したようだ。今日の練習のテーマは「暗譜」。

　朝からカラーガードは平和会館でレッスン。ハイスクールミュージカルと「ぽよよん行進曲」の振り付けだ。午前中にすべてできた。あとは練習あるのみ。様々なことが同時に活動した本日はそれぞれのところでみんなよく頑張った。そして1年生のレッスンもした。だいぶ基礎が出来てきた。最後に合奏をする。まだまだ緊張感と集中力が不足しているが、少しずつ良くなっているように思う。理解力、集中力、気配りが大事だ。最後に録音する。

　朝の9時半から九州マーチング協会臨時理事会に参加。全員参加でみんな

意見が出て、良い会議となる。理事長としてここでも感謝しかない。

　色々あった一日だった。

- -

7/21　　今日はソロとバンドの曲と第2部の曲を中心に練習。トロンボーンの曲「ファニースライド」、アルトサックスの「青春の輝き」、トランペットの「トランペット吹きの休日」、オーボエの「風笛」、それにダンスの曲「紅蓮華」「ティコティコ」「シンデレラ」。各曲とも良く練習している。ダンスもキレがありだいぶ上手くなった。とくに「シンデレラ」はそれぞれの役にあった演技ができるようになった。すべての曲は暗譜を目指し、これもかなりできるようになってきた。全体のプログラムを流すと、もう少し壮大な曲が欲しい感じがしたのでバンドジャーナルの付録にあった大河ドラマ「麒麟がくる」と今年度のニュー・サウンズ・イン・ブラス2020「アベンジャーズ」を練習した。なんかピンとこない。あと本番まで5日だ。

- -

7/22　　なんと26日に予定していた「ファミリーコンサート」が延期に。長崎ではコロナ感染が増え続けている。それに伴って大学も高校も自粛になり、今回の運びに。次は8月8日の予定だ。これはしょうがない。気を取り直し、さらにレベルアップしてものにしろということか。昨日はソロパートのレッスンと個人レッスンを行った。これは良かった。やるべきことは必要なことをすることだ。このバンドで何が不足しているかを知ることが大事である。バンドは一人ひとりのメンバーが生き生きと活動しなければならない。音楽が優先ではない。人が優先である。

- -

7/23　　昨日の長崎は初夏そのもの。今日から4日間お休みだ。

　昨日の朝練習はここのところ疲れが出てきているようなのでお休みにした。どうしても個人レッスンをしたい人だけ来ても良いと伝えた。やはり来ていた部員は少ない。朝練開始によりみんな疲れているのがわかる。今日の練習休みは良かった。しかもソロのレッスンで演奏が成長した。

　午後の練習では久しぶりに上磯中学と精華の全国大会のDVDを見る。部員は努力の結果と達成感溢れる演奏に出会い、気持ちを新たにしたかもしれ

ない。

　さあ練習だ。まずソロとパートのソリのレッスン。良い感じだ。時間になり合奏。「アルヴァマー序曲」を合奏。今日伝えたことはやはりサウンド。響きのある音色と表現力の豊かさのことを話した。どうなるか、信じられないことだが、すごく良い。びっくりした。みんな頑張っていることを確認できた。

・・・

7/24　　最近大学1年生のリモート指導をZoomやLINEなどを使い行っている。何より演奏を通じ、交流をすることが楽しい。スケールだけでも音楽を伝えることが大事。基礎練習でもそこには音楽がなくてはならない。たまに機械的なことをちゃんと目標を持ってやることも必要ではあるとは思うけれど……。

　いかに基礎が大事かを伝えなければならない。アタック、リリース、コア、響き、ビート感、拍子感、フレーズ感、などの基礎的なことを意識しましょう！

　新しい楽譜が来た、「ラ・ラ・ランド」だ。初めてこの映画を見た時のことを覚えている。素晴らしい音楽が映画ののっけから始まったからだ。マーチング用にアレンジしてくれた楽譜である。初見でやってみた。結構難解である。珍しく上手くいかない。しかし諦めないことだ。今までの経験でわからない時は少しやって良くなったことがあるからだ。もう少しやってみよう。久しぶりに「エール・マーチ」を演奏してみた。1チーム（下級生チーム）と2チーム（上級生チーム）ともやった。今回はやはり2チームの方が良かった。流石である。「ルイブル」と「アルヴァマー序曲」もセクション練習の効果を見てみたかったので合奏した。少しだがクオリティーが上がった。さあ、仕上げをしなければならない。上昇気運に乗るぞー！

・・・

7/25　　本来昨日はブリックホールでコンサートを保護者向けに演奏するはずだった。そこに向け練習をしてきたのにまたもや残念な結果となった。しかし練習はコンサートのすべてを通した。そこで、もしかしたら今までやったレパートリーも使えるのではないかと思い、とりあえず上級生で5曲録音した。やはり良い曲は良い。ちょうど楽器屋さんの森川さんがいたので聞いてもらったら、自分世代はこのような曲は嬉しいとの返事。これだ！　録音

をしたので聞いてみよう。生徒には家の人に聞いてもらうように説明した。演奏者がやりたい曲も大事であるが、やはり観客だ。子どもからお年寄りまで幅広い観客に対して選曲しなければならない。そしてもちろんバンドの個性も大事だ。選曲は本当に難しい。今までのアンケートや人の話も大事である。すべての曲はそれぞれに音楽の世界があり、どの曲も大事である。さあ、8月10日はカブトガニの体育館だ。今度はアンサンブルやマーチングもできそうだ。

7/26　今日は部活を休みとした。本当は26日が本番だったが、8月10日の予定となった。ここらでちょっとお休みにすることにした。例年は県大会直前で必死に練習していたことが懐かしい。コンクールの是非はあるがみんなが目標に向け頑張る努力は認めないわけにはいけない。例年の必死での取り組みも素晴らしかった。この夏の練習を上級生は忘れないで欲しい。その分今後計画されている本番で爆発させよう！

7/27　昨日から今までにしたレパートリーの録音をしている。昨日は「オリンピアーダ」。ヘイゾーの曲だ。吹奏楽ならではのオーケストレーションである。これはもう吹奏楽しかできない世界だ。レパートリーでも見逃せない曲だ。「76本のトロンボーン」も流石に良い曲だ。名曲は強し！　しかも編曲が良い。「昭和アイドルセレクション」はやはり懐かしい！　「ブルース・ブラザース」これもなんか強い音楽だ。そして昨年のニュー・サウンズ・イン・ブラスの「東京ブギウギ」。こういうリズム、良いなぁ。

　昨日は本来であれば、ちょうど吹奏楽コンクール県大会の日であった。みんなで昨年のビデオを視聴した。現在と比べてどうだろうか？

7/28　昨日は朝にコントラバスの長嶋先生が来られたのでちゃっかりレッスン。やはり専門家は違う。練習の仕方やコツを習う。

　午後は永留先生にフルートを見てもらう。この後のフルートの音が変わった。音色が良くなった。こんなに変わることにびっくり。最近始めたレパートリー「故郷」を演奏した。編曲は福田洋介さん、彼はとても良い編曲家だ。

やっていて本当に楽しい。

　久しぶりにセクション練習をした。思った通り、バランスの感覚が良くなかった。トランペットとクラリネット、サックス、ユーフォのセクション。やっぱりちゃんと見ないといけない。

．．．

7/29　　熱が出ている生徒が増えてきたので、今日は早めに練習を取りやめた。しかしやることはやった。セクション練習の後で合奏をした。少しのクリーニングであったが、全体のサウンドの透明感が増したようだ。あとレパートリーの録音だ。やはり良い曲は良い。

．．．

7/30　　朝練習で久しぶりの「アルメニアンダンス」を合わせた。かなりボロボロだ。この名曲はレパートリーにしたい。なぜかというと、全てのパートにやりがいがあるからだ。そして何しろ名曲だからだ。次に下級生のグループで「長崎の鐘」と「エール・マーチ」を合奏した。これはなかなか良い感じだ。だいぶ基礎基本ができてきた証拠だ。

．．．

7/31　　基本に戻り、なんとなくではなく丁寧に楽譜をよく点検し練習した。最初は合奏の基礎練習から、今までにないくらいにテンポやダイナミクスを変化させ表現力に対応させる練習をした。さてこれが曲の合奏にどれだけの効果があるだろうか。

　この日最初の練習はI氏の依頼に基づく合奏である。「ウィ・アー・ザ・ワールド」だ。まずポップスの基本である8ビート感がないと指摘。音楽のスタイルであるリズムに乗れなければ話にならない。しかし時間がない。強引に録音だ。あとで録音を聞く。思ったより良い演奏で一安心だ。次に本日セクションで丁寧に練習した「アルヴァマー序曲」の合奏だ。表現力とサウンドのバランスに気をつけて練習した。心配であったが、録音を聞くと今までで一番良い音と音楽だった。笑

日々の練習！
2020年8月

8/1　　昨日は朝練習だけだった。一昨日の練習でかなりの成果が上がった。練習の仕方が大事なのが今回のことでよくわかった。やはりちゃんと確認して進むしかないことが。できているつもりでも実はできていないのだ。楽譜ももっと深く読む必要がある。これで表現がかなり変わってくるからだ。思い込みや練習したから良いのではなくしっかり演奏を見据えて確実に楽譜を読み音楽をどう作っていくかが大事である。合奏をしているとできているような感じになることがあるので注意する必要がある。

8/2　　昨日は練習がなかった。本来今頃はコンクールに向け必死に練習しているところだ。しかし考えようでは色々なことができる。今日は昨日、自分の練習のための「ブルグミュラー 25の練習曲」をやってみる。まず楽しい。そして今までちゃんとしなかったスコアリーディングをしてみる。なるほど研究しないといけない。練習がもっと効率的になるからだ。だがやっぱり熱い音楽がないといけない。そうだ。今エネルギーを貯めて次にかけよう！　昨日何かの本に三日坊主にならないためには5分やれば良いと言っていた。5分だったらやれる、と妙に納得。

8/3　　昨日も練習が休みなのでスコアリーデイングを行った。最近のオンライン講座「桃太郎」での勉強法を生かし和声を調べる。また構成も調べる。やることがいっぱいある。3日間部活が休みだった。7月31日に授業と終業式があり、次の日から夏休み。そしてようやく今日から練習が再開、楽しかった。8月10日にファミリーコンサートを保護者の方が計画しているのが嬉しい。本番まで今日を入れて7日間だ。本来7月26日に計画されていたコンサートだ。なんとかコンサートができることを祈るしかない。

8/4 久しぶりに練習再開。午前中に10日の本番会場のカブトガニアリーナを見学し、音響や、会場の広さなどを確認する。次にまずはミーティング。各パートに分かれ今後の計画を会議。特にレパートリーについて話し合う。「オリンピアーダ」「メリーゴーランド」「アメリカン・グラフィティー」が復活する。金管、木管と分かれ分奏をする。最後は「ルイブル」と「アルヴァマー序曲」の合奏。そこでは個人練習の大事さを掴んで欲しい。数多くの修正点を指摘。翌日の個人レッスンが待ち遠しい。そこでクリアして欲しいからだ。

8/5 昨日より10日に向け新しい気持ちで練習が始まった。スクールバンドで練習も大事だが、もっとも必要なことは信頼である。信頼は、練習はもとより普段の人間関係のあり方が大事だ。相手を大切にすることが何より大事である。これは指導者にも言える。

「人は違う」というスタンスに立たなければならない。相手の対場に立って考える。思いやりや優しい気持ちが必要だ。そして何より「笑顔は心のビタミン」が必要だ。

本番が出来るのは超嬉しいことだ。しかし本番が目前に迫ったのに3日間の練習がなかったことはコンデションを整えるのが大変だ。しかも10日に予定している会場はチャペルではない大きな体育館だ。天井も高いし、横も縦も広い。そして音響が悪い。まるで屋外だ。音響にしても反響版がないので当然音が良くない。

利点もある。広いので全員が一緒に演奏できるからだ。しかし現在は3密のために全員での練習はできない。さあ、この難関に立ち向かわなければならない。選曲、構成まで変更が必要だ。

今回の主催は保護者会だ。これで保護者が盛り上がってくれればありがたい。そして保護者に感謝しなければならない。

悠長な事は言ってられない事態だ。もう最後の手を使うしかない。

8/6 10日のファミリーコンサートまであと少し。今回の会場「カブトガニ」体育館での演奏は大変だ。音響、観客への見せ方も大事だ。しか

も今までは2チームに分けて練習したから、これを1チームでどのようにやったら良いだろうか。目指すは「楽しかった、感動した」なのだから！

　午前中は金管、木管に分けた分奏。新たに「活水ブラス」をやってみた。全体の構成、プログラム、演奏時間などを確認した。他にもダンスのこと、衣装のことなど色々ある。コンサートの準備を確認する。

8/7　　　ファミリーコンサートに向け、時間がない。あと少しになった。でも練習が楽しい。どんどん良くなるからだ。しかしこの会場の対策とこのコンサートでの準備をどうするか。色々課題はある。生徒と話し合い、最高のステージを届けたい。面白いことに本番に近づくにつれ上手くなるからびっくりする。10回の練習より1回の本番とは良く言ったものだ。

　午前から本番通りの順番で練習する。しかし全員での練習はできないので人数を少なくしての練習だ。やらないよりやった方が良い。どのステージも手を抜いてはならない。午後には初めてとなるファーストコンサートを少しやってみた。これはちょっと頑張らないといけない。初の試みのファーストコンサート！　新1年生のためのステージだ。僕の人生で初めてのファーストコンサートでもあるから、頑張ろう。

8/8　　　ずっとずっと病気で部活を休んでいたSさんが来た。歌を歌ってくれた。「ぽよよん行進曲」、何より明るく一生懸命に歌ってくれた。この頑張りで全休に笑顔と明るさが出た。練習はあと2日。昨日全体を見通すと、何か足りない。急遽「ジブリ・メドレー空編」をやってみる。やっぱりこの曲だ。これでやってみよう。

　今回のファミリーコンサートは新しくチャレンジすることがある。それは1年生のためのファーストコンサートだ。1年生の紹介と一曲演奏するぐらいだが、以前からやってみたいミッションだった。なんとか成功したい。それと、知り合いのS氏にお願いし、YouTubeのライブ発信を今回初めて行う。みんな頑張っていることが嬉しい。

8/11　昨日はファミリーコンサート。今年度初のコンサート。コロナの影響で全員での練習が上手くいかず、どうまとめるか大変だったが、ついに本番をすることができた。

　何もかも初めてばかりの本番だった。まず長崎県立総合体育館でのコンサート。YouTube での生発信。保護会主催の初本番。観客は保護者のみ。反響板を2つ設置。

　コロナ対策のためにバンドのメンバーを離して並べた、このためにアンサンブルがやりにくかった。特に打楽器と低音楽器のズレがあったかも。しかし観客や YouTube 発信の反応はかなり良い。

　今後はマイクのレベル向上を図ること、マイクの位置を変えること、カメラを増やすことなどをしていきたい。

8/12　まずファミリーコンサートの反省会。次に忘れ物の確認。お世話になった人へのお礼状。アンケートの集約。本番が終わってもやらなければならないことは結構ある。本番直後であったが、レポートの提出をお願いした。みんな良いレポートを書いている。

　さあ、これから次の目標だ。定期演奏会、西日本スーパーバンドフェスティバル、マーチング全国大会予選大会、アンサンブルなどだ。

8/16　練習がお盆休みなので考えていることを述べてみることにしよう。

　なんのために練習するか、当然だがコンサートでの演奏を成功するために行うのは誰もがわかっていることだ。するとどんな演奏家になるのが望ましいかということが大事と考える。指導者は素直で真面目に練習してくれる生徒を育てることを望んでいると思うが、それだけで良いのだろうか。演奏者が楽譜を正確に演奏するだけでは当然面白くないし、感動はしない。

　そこには自分の想いと創造性が必要なのだ。そうすると、もちろん音楽性豊かで和声やフレーズを考えながら演奏することになるが、さらにもう一つ何かが必要だと思う。そこに心が込められ、仲間との信頼に築かれたアンサンブルはきっと感動がやってくると信じている。そう考えて、演奏者は練習

の時から基礎練習でもイメージや主体的な音作りが必要と考える。演奏者は
そこに心があり想いがある音を作らないといけない。そのために演奏家は演
奏の正確さも大事だが、音色に対する鋭敏な感覚を身につけなければならな
い。そよ風、せせらぎ、嵐や宇宙の爆発、夜明けの海や太陽、サプライズな
出来事、などなど色々なことが演奏の表現のアイデアとなる。そんなことを
想う演奏家に育てたい。

　それと、管楽器や打楽器はやはり音色が命である。丁寧にゆっくり基礎を
作っていかなければならない。かつて屋比久先生が作られた吹奏楽のあの美
しい音色が忘れられない。または、福岡工業大付属の鈴木先生の輝くような
金管のサウンド、松沢先生の深い潤いのある木管の音色。これは練習の努力
の賜物だ。忍耐と努力以外に考えられないサウンドばかりだ。

8/17　　学校までこの階段を歩く。なんと
78段。しかし毎日歩くと良い運動になるし達
成感がある。何しろ上がった時の喜びがあるか
らいい。

　さあ、今日から練習。昨日はやっと先日のコ
ンサートのレポートを全て読んだ。みんな良く
書いている。最初は数行しか書けなかったのが
今回かなり内容が多く書いてある生徒を見つけ
た。成長したことが嬉しい。なかには、読んで

いて今後気を付けた方が良いようなことも書いてある。今後の計画の準備が
大事だ。オープンスクールの演奏。マーチング発表会と定期演奏会、アンサ
ンブルの準備。

　5日ぶりのバンド練習。まずはオープンキャンパスの本番の練習から。そ
して今後のマーチングのための練習が昼から始まった。

　風があるのでそんなに暑く感じなかったが、しかし温度計を見るととんで
もない数値が！　最短時間での練習に切り替える。

　真夏の昼間、外でのマーチング練習は愚の骨頂と判断。明日から朝にしよう！

　何と言っても昨日の目玉は「コンサートバンドとジャズアンサンブルのた

めのラプソディー」に着手したところだ。そのためにはやはり基礎と基本が大事だ。小手先ではなく、ちゃんとした奏法からくる豊かで美しい音色だ。みんなに見てもらおうとＤＶＤを持ってきたが、なんと中身がない。そして「バンドジャーナル」のワンポイントレッスンでの動画を見せてやろうと息込んできたが、それを忘れてくるというおまけ付き。朝は朝でマイカー（自転車）で颯爽と出発したのは良いのだが、出口のところでなんと３回目の落車。カッコつけて行こうとしたからだ。あー、こんな日もあるのが人生！

8/18 昨日は合奏中に本当にまずい指導をしてしまった。ちょっと怒りすぎ、猛省である。指導者がこんなことではダメだ。

　本日は練習の仕方を変えてもいる。やはり思った通りだった。できていないところを丁寧にわかりやすく練習したらちゃんと良くなった。怒らなくてもちゃんと指導もできるし楽しく練習できたのだ。

　今後の練習は個人練習が一番良い練習だ。みんなでやる練習の意味もあるが儀式のような練習が愚の骨頂だ。一人ひとりが自分に合った練習をすることが一番良い。

8/19 いつもより１時間早く朝の練習をしたところ、やはり良かった。大分違う。マーチングを真面目に一生懸命練習している姿は凄いことだ。

　練習は頭を使ってやることが重要。練習中はお互い声を掛け合い、動きを間違わないようにするだけでなく、音楽を感じ動きの表現ということをアピールすることが大事だ。リーダーの指摘は具体的にわかりやすくすることが大事だ。いつどこで何が良くないのか。リアルタイムで指摘することが集中力を増すことにもなる。

　午前中にマーチングの曲３曲を録音できたことが良かった。また、「コンサートバンドとジャズアンサンブルのためのラプソディー」が最後まで出来た。「シンデレラ」の録音が出来たのは良かったのだが、演出面で練習が良くなかったので注意したが、注意の仕方が悪かった。反省だ。

8/20 　朝練習ではマーチングのために、気温の上がる前の朝早くから練習だ。朝早くはやはり清々しいし気持ちが良い。朝練習のマーチングはまずブロック練習。これは、フロントベルの練習だ。次にコンビネーション。ここでペア練習を提案。全員での練習は合わせるだけなので、上手い生徒が伸びないし、それぞれの個人の練習のためにならないからだ。

　みんなでやることの意味はあるが、それは練習の本来の姿ではない。個人が伸びてこそ練習なのだ。パート練習や全体練習では個人が伸びないのは当たり前だ。逆にペア練習は意味がある。

8/21 　朝のマーチング。たった20分ぐらいだが、どんどん上手くなる。

8/22 　大分「コンサートバンドとジャズアンサンブルのためのラプソディー」が出来上がってきた。この難曲は4年前にチャレンジしたのだが、できなかった。今回はできそうだ。バンドが成長したからなのか。「高度な技術への指標」も以前やった時より成長が早いのが嬉しい。

　マーチングの基礎練習が凄く良くなっている。暑さ対策として早朝にやっているのが良い結果となっている。ブロックフォーメーション・コンビネーション・L字などを20分間しかやってない。ただ、テンポは92・120・150・172に変え負荷をかけている。全体、パート、個人、ペア練習などの形態にしているので緊張感のある練習になっている。今後ドリルになった時に良いマーチングができそうだ。

　全体としては練習のムードが良くなっている。ただまだ消極的で他の生徒の声掛けも少ない。さらに伸ばしたい。

8/23 　今日はマーチングのドリル作成で卒業生のKさんが来てくれた。またガードのTさんも来てくれた。おかげで上手くいった。

　今日は今年の卒業生がたくさん来て教えてくれた。嬉しかった。ドリル作成もどんどん出来上がった。流石だ。こんなに暑いのにみんな凄く頑張っていた。しかも1年生が上手くなった。

8/25　暑い！　マーチングの練習がクーラーのある体育館であったら良かったのだが、そうはいかない。外での練習しかないのだ。昨日の練習の復習を約一時間半行った。これは良かった。そのあと合奏。午後からの練習は「トラッキング」、演奏しながら行進する練習だ。これはとても良い練習だった。高校での練習とは別に大学での練習はカラーガードの練習だ。朝９時から17時までやった。講師のHさんが来てくれた。この方は僕が前の学校で教えた生徒だ。今では全国に知られたカラーガードの指導者だ。細やかで丁寧な指導だ。とくに優しく丁寧に教えるのが特徴だ。

8/26　マーチングパーカッションはチェンジパーカッション（打楽器以外のメンバー）が沢山いる。

　朝練習に少し遅れて行った。生徒は自主的にしかも誰も遅刻することなく黙々と練習していた。しかも自分たちで練習前に総務会、拡大委員会（パートリーダーやその他の演出のリーダーでの練習計画作り）も自主的にやっていた。

　こういう風に、自主的で積極的な活動こそバンドの目的だ。朝練といえどかなり暑いのだが、目標をイメージして頑張っていた。

　そのあと音楽室でトラッキング（楽器を練習しながら行進する）をする。音楽室はクーラーが効いていて抜群に集中力が上がる練習ができる。しかもそれまでの外の灼熱地獄から来たので一層快適である。

8/27　マーチングのドリルが全て出来上がった。「ウエスト・サイド・ストーリー」、「ラ・ラ・ランド」、カラーガードショー、マーチングパーカッション、「ジャーニー」、これに今作曲中のベートーヴェンが加わる。

　９月22日の稲佐山で行われる、「マーチングオータムコンサート！（仮称）」が目標だ。

8/28　　少し遅れていくと、自分たちで黙々と練習していた。全体を俯瞰すると活動での色々な問題が出てくる。指導者はやはり生徒の状況を見ないといけない。すぐ指示したことは良かった。２日後にオープンキャンパスがあり、そこで演奏を依頼されている。対象は中学生だ。僕は本番に出ないので、顧問の先生が指揮をする。

　　一番大事なことはこの演奏を鑑賞して楽しんでくれることと、感動してくれることだ。本番が近付いてくると、どんどんアイデアが出てくることが嬉しい。そうだ、本番の衣装が大事だった。そして司会はさらに大事だ。

　　頑張れ、生徒たち！

8/29　　昨日は今日のオープンキャンパスの本番の練習がメイン。なんと昨日、曲目を変更した。選曲は一番大事なことであるからだ。

　　これが吹奏楽、これが活水、音楽は楽しい、これが選曲のコンセプトだ。そして誰が聞いてくれるかが大事だ。もちろん演奏会場に合った選曲でなければならない。あ、練習時間ももちろん考慮すべきだ。司会も会場の空気を変える必要なアイテムだ。

　　特にオープニングは掴みが大事だ。まず印象的に心を掴むのだ。そして一気に最後まで進むような変化のある選曲が必要だ。「起承転結」クライマックスも考えなければならない。そしてこれが終わりではない、録画して、今回の練習計画、当日の行動、聞いている人の感想、アンケートをとり反省をしなければならない。こうして次回はさらに進化した本番になるように反省することが必要だ。

8/30　　昨日は活水中学・高校のオープンキャンパスだった。吹奏楽部はウェルカムコンサートを担当した。午前中はリハーサル。これは本当に大事な練習だ。まずホールの音響が練習している音楽室とあまりに違う。演奏

を変えなければならない。ステージが狭いし、ダンスのスペースが狭い。なのでバンドの場所を移動してダンスが見えやすいように工夫する。

　リハーサルしていると司会の重要性がわかる。ただ音楽の内容や曲目説明だけでは面白くないし、聞いてる人の心が動かないのだ。司会もステージパフォーマンスと考えなければならない。衣装も大事だ。パッと見たときの印象が違うからだ。譜面隠しも大事だ。活水は表が青で裏がピンクだ。クラシックは青でポップスはピンクだ。客席で鑑賞しているといろんなことがわかってくる。指揮をしている時にはわからないこともあった。

8/31　　朝練習で指導するため早く着いた。愛車（自転車）も快調だ。厳しい坂道もなんとか乗り越えた。着いてみると黙々と練習している姿が。朝から嬉しくなった。

　外部での練習はバンドにとってとても大事な練習であり、たくさんの要素がともなう。まず移動。身だしなみ、歩き方、集団行動。パブリックな場所での行動。人に迷惑をかけない。体育館の使い方。マナー、ルールの徹底などたくさんある。また事故や健康を損なうことがあってはならないので、緊急事態への対策も準備しなければならない。

　今回保護者の方が水分補給のお手伝いに来られ、助かった。体育館は蒸し風呂状態だ。熱中症予防や体調管理が最優先である。

　70名のメンバーに対し、スタッフの人数や配置は必要だ。卒業生のKさん、Tさんがやってきてくれた。本当に助かった。

　内容はもちろんマーチングだが、練習の準備が良くなかった。せっかくの体育館であるのでスムーズな練習と練習計画の内容の確認が大事だ。今回は準備不足だったが、それでも練習効果は十分にあった。ここの生徒は頑張り屋さんが多いのが嬉しいことだ。

　外部でのトラックの搬入搬出はみんな協力が出来て良かった。今後トラックの間仕切りができればもっと素早く収納や取り出しがスムーズになる。今後の検討課題だ。

日々の練習！
2020年9月

9/1　　5Ｓというものがある。「整理、整頓、清掃、清潔、躾」だ。これは何も会社や学校で守ることではなく、自分自身でも大いに役立つ。整理というと、身の回りを片付ける印象があるが、それだけではない考えや気持ちの整理も加わってくる。

　昨日は一昨日の練習の疲れか体調が今ひとつ。体の鍛え方が不足なのか、はたまた自己管理が悪いのか。やるしかない！　と自分に言い聞かせる。生徒のレポートに「自分に負けるな」と。その通り！

9/2　　良く練習した。朝練習はまずマーチングの動きだ。生徒のリーダーの手際良い流れの練習。お互い声を掛け合い注意している。いいぞ。たった１時間のうちの30分。あとの30分は演奏だ。「コンサートバンドとジャズアンサンブルのためのラプソディー」、最初と最後を仕上げる。これは時間がいる曲だ。

　午後は雨が降ってきた。やばい。それなら、朝に動きをやってしまった方がいいと気がつく。時すでに遅し。低音の打楽器のセクション練習をする。拡大委員会（パートリーダーの集まり）での打ち合わせの仕方のアドバイスを行う。必ず楽譜とスコアを持ちどことどこを練習した方が良いか検討する。何をどのくらい練習するのか検討することが大事だ。これが難しい！

　昨日はあるセクションを徹底的にトレーニングした。「はいやって」「もう一回やろう」「今まずかったところを注意してもう一回！」「これが最後だ、ここまでは仕上げよう！」「さあ、もう一回」「だめだ、もう一回」と続く。何回したのだろう。だんだん良くなってついに練習の効果が上がったところまで行ったのだ。これだ！　これが練習だ。

9/4　　　生徒の指導に優しく真面目な先輩に、指導をやらせてみた。大成功！　僕がやるより良かった。泣。

　ある卒業生がレッスンしてくれた。みんなこの先輩の久しぶりのレッスンに嬉々としていた。毎日いる指導者はどうしても慣れがあり、同じ内容でもたまに来る人の話の方が新鮮で効果的だ。また、久しぶりに来た打楽器の先生のレッスンは全体を俯瞰したレッスンであり、このパートの急所をいち早く見抜いた指導だった。流石である。来てもらって良かった。

9/6　　　自分達だけの練習のマーチング、良く頑張った。卒業生の三人、本当に感謝だ。動画を見た。課題はかなりあるが、今後の練習や選曲、構成の調整の計画が少し見えてきた。今度の９月22日はマーチングの本番がある。練習時間、練習場所の確保、演奏と動きの練習などたくさんの課題が見えてきた。これを整理して練習計画を作らないといけない。

9/7　　　木管楽器の日記とレッスンレポートをやっと全て読み終えた。日記といえども、そのひとの人柄がわかるから面白い。

　そしてマーチングでは動画を見ることでアドバイスがだんだん見えてくる。録音も視聴してみるとその場では見えなかったことが見えてくるから重要だ。

9/8　　　２日間の休校！　みんな台風の備えが大変だったのでは。なかには買い占めで物が不足していた人もいたのではなかろうか。

　ニュースでは「経験したことがない記録的な暴風や大雨、高波、高潮」があり得るとして、台風10号には「最大級の警告」が呼びかけられた。窓に当たる風の音は確かに恐ろしかった。今後もこのようなものが来るのだろう。今回の反省で、備えや用心をしないといけない。

　今日は台風の後片付けから始まり、練習の計画をリーダーに促す。マーチングの動きから行った。３日前の動画よりはるかに良くなった。だいぶ慣れてきたようだ。最後の５分でコンサートの練習を気持ちだけちょっとやった。やはり練習はじゃんじゃんするものだと気付かされた。生徒がだんだんのっ

てくるから不思議だ。音楽の力なのかもしれない。

　音楽は楽しく！

....

9/9　　　紹介します。この絵は今年の卒業
生の作品です！

　「コンサートバンドとジャズアンサンブルの
ためのラプソディー」の練習。粛々と真面目に
やるしかない。昨日は練習すればどんどん上手
くなる。ということはまだまだ実力不足という
ことか。

　昨日の練習で気になったこと。一つ目は注意
したことを意外と忘れているということ。二つ目は音色の表現力が不足して
いること。基礎練習での表現力不足。つまり音色のダイナミックさがない。
三つ目は楽しくないということ。いわゆるグルーヴ感がない。これは指導者
の泣き言だ。自分が悪い。

....

9/10　　　まず最近は生徒が練習計画を考える。良いことだ。しかし今回
はまずここを整理しないといけないところから着手した。やはり思った通り
だった。勘は当たった。かなり時間を要したがそれなりの効果があり良かった。

　練習は形からやることにも大いに大事なことだが、私は指導者だ。悪いと
ころを見つけ、最大の効果が上がる処置と処方箋を講じなければならない。

....

9/11　　　「バジル先生の吹奏楽相談室」から、『楽器を演奏することは、とっ
ても楽しいことですから、練習も演奏会もコンクールも、まずは「楽しくて
おもしろい」時間であることが大切です。それが、苦しい・つまらない・怖
い時間になっているなら、練習のやり方や考え方のどこかがずれています』

　外部の体育館の練習でマーチングパーカッションの講師K先生が来た。状
況を聞いたらあまりよろしくないとの答えだった。これはまずい。今までこ
のようなことをあまり言われてないからだ。まずは私自身がきちんと指導し
ないといけない。これは私の反省だ。

　パーカッションがいないメンバーで分奏をした。今回はまだやっていないコンサートバンドの練習だ。コンサートバンドとは、今取り組んでいる「コンサートバンドとジャズアンサンブルのためのラプソディー」がジャズアンサンブルとコンサートバンドに分かれている、そのコンサートバンドの部分のことだ。金管や木菅の分け方がよろしくない。思った通りにバランスや音程、リズムができていないし、揃っていない。これは「クリーニング」が必要だ。かなり前進した。

9/12　　やはりすぐできる練習とトレーニングしないとできない練習がある。かなり仕上がっていくと当然細かい練習になる。2日前に指示していたところがどうなったかなと再度レッスンをしてみた。なんとちゃんとできているではないか。これには大変嬉しかった。すごいぞ、生徒！　合奏でも反応の良さが出てきた。ただ何度言ってもやらないメンバーやパートがあるから、やりがいがある。日々の練習はドラマティックで面白い。基礎練習はもちろん大事だが、曲はもっとしなやかでそれなりの世界がありこれが楽しい。発想や勉強することもたくさんある。

9/13　　知り合いの小学校の先生にジャズのレッスンをしてもらった。やはり凄い！　ちょっと言い回しを変えただけで素晴らしくジャジーな音楽になった。餅は餅屋だ。

　さあ、本番前日の練習だ。分奏でどんどんクリーニングしていく。どんどん良くなっていく。次は合奏。本番直前なので表現力をつける練習がテーマだ。今回はピアノの位置を変えてみる。成功である。並べ替えただけでアンサンブルが良くなってくる。

　そしてフレーズの確認と、アインザッツの確認だ。場面の設定もしなくてはならない。静かな場面、激しい場面などの構成を作る。各フレーズのバランスも重要な練習だ。まず生徒にこの音楽の意味と価値を教えなければならない。

　家に帰り録音を聴き確認する。あ、まだここが整理されてないとか、ここが打楽器と管楽器が揃っていないとかを発見する。やることがじゃんじゃん

出てくる。しかしもう直前での練習である。やれることはわずかだ。どこを練習するか選択しなければならない。

･･

9/14 　昨日はブリックホールでのビデオ撮影。ＫＴＮのスタッフ８名と実行委員会のメンバーが来て無観客の中ビデオ収録を行った。観客はいないが、ブリックで演奏できたことは良かった。ビデオ撮影だがある意味で本番だ。このために約10日間を要し練習した。

　一昨日はＫ先生、コントラバスのＮ先生に来てもらったことが効果的だった。やっぱり目標に向かって活動することは色々な面で成長になった。良い思い出にもなった。あと最近トラックの積み込みが速くなった。

　40年近く吹奏楽を指導してきたが、活動は毎年同じではなく改革した。もちろん自分自身指導の改革をし続けてきた。その結果、現在のバンドは私の集大成と言うべきバンドと思っている。しかしながらコロナで思うように練習ができなかったり、本番ができなかったりしてテクニックを熟成する期間が少なかったように思う。ただ、今年は３年生が15名しかいない。パートによっては２年生がリーダーである。今年の特徴は１年生が素晴らしく成長したことだ。

　毎年同じバンドはない。この特徴を生かした運営と音楽づくりが大事になる。12月の定期演奏会が最後の演奏会となる。最後となる演奏会はやはり自分の集大成である。有終の美を飾りたい。時間はない、頑張らなければならない。チャンスを活かせ、自分‼

･･

9/15 　屋外の本番に向けて、ただいま奮闘中。まず選曲。練習期間はあと２週間しかない。マーチングがメインのコンサート。構成は今のところ２部で行う。１部は「吹奏楽は楽しい！」、２部は「活水のマーチングはこれだ！」。１部には「ムーラン」の新譜を演奏する。

･･

9/16 　朝練習しか参加しなかった。放課後はアワータイム（自分たちだけでやる練習）だ。朝練習で初めてマーチングのトラッキングをやった。やはりやって良かった。放課後は動画を送ってくれたが、良い練習だった。

これなら僕がいなくてもやっていけると確信した。

　練習は指導者が指示し、それを真面目に練習することもありだが、自分たちで練習することはもっと自主的で自立したバンドになるために大切だ。今年はこの学校で自分の集大成としての指導だ。理想的なバンドに思える。すごいぞ生徒！

. . . .

9/17　　体調が悪いが、自分の不摂生なのだ。やるしかないと心に決める。今回はちょっと気になることがあり、いつもの練習とは違うところを見てみた。やはり思った通りに練習ができていなかった。実はここで指導者の力量が決まるのだが、自分は失敗の指導だった。物事を俯瞰して見なければならないのに、指導の手順も心がけているところも失敗だった。反省だ。

　新しい曲の一部が来た。ベートーヴェンのマーチングバージョンだ。これは凄いし、かっこいい。

. . . .

9/18　　昨日で３日間連続の指導を行った。大学生はやはり上手い。技術は確かにある。ただ、やはり音楽。間違えずに言われたことだけ演奏するようなことではダメ。もっと音楽的な大事なことを教えなければならない。そこでレッスンレポートの提出をお願いし、どのように指導が伝わっているか確認した。まず気持ちから変えなければならないことを痛感した。すぐに音楽が変わってきた。大学生のなかには、高校から教えたメンバーもいた。練習するとどんどん表情が変わってきた。連続して指導に来たことが良かったようだ。心が打ち震えるような練習こそ大事だと思うからだ。

　今度の９月22日の本番オータムコンサートの選曲を考える。なんか面白くない。観客はおそらく保護者中心になるだろうから、メンバーをクローズアップさせることが良いだろう、など色々考える。そこでかなり修正したプログラムに変更！

　なかでも「ふるさと」を演奏してみた。なんと良い感じ。思わぬ良い結果だった。やはり練習してみないとわからないものだ。何が良かったかというと、「手話」だ。顔の表情、手話の表現は新鮮な感じがした。たったこれだけでも伝わるものはあるのだ。

普通、練習はなんとなく個人練習、パート練習、セクション練習、合奏などの形態があるが、今回はまず一番やらなければならないところから始めた。必要とされるところからやるこの方法は、バンドが自主性や、自立が出来るようになったから出来るのだ。自分たちで積極的に練習する習慣が出来てきたように思える。練習効果が現れてこそ練習だ。

9/19　昨日は朝練習のみだった。以前から家庭の日が決められていたからだ。しかし本番直前なのに？　という疑問は当然である。

朝練習は本番が近いので、トラッキング（演奏しながら行進するマーチングの練習）の練習だ。良いのだが、何しろミスが多い。これでは本番にならない。練習時間の確保しかない。あと、プログラムの選曲をもう少し考えたい。何か、掴みとワクワク感がないのだ。あとで録音を聞いてみるとイキイキとした音楽はできている。いいぞ！

9/20　昨日はなんと佐世保の自衛隊の精鋭メンバー7名が教えに来てくれた。このメンバーはすごい。曲目もちゃんと練習して来ているではないか。プロは上手い。しかも無料である。佐世保から自前で来てくれた。もちろん本学園では初めてのことだった。曲目は「コンサートバンドとジャズアンサンブルのためのラプソディー」と「高度な技術への指標」の2曲。約2時間のレッスンがあっという間の出来事だった。

9/21　昨日の練習は稲佐山！

昨日の午前中は学校で、午後は稲佐山の野外ステージだ。ここは福山雅治さんやMISIAさんがコンサートを開くところだ。野外ステージがあり自然豊かなところだ。なんかワクワクする。

ここは世界3大夜景の場所でもある。稲佐山までは保護者が送迎をしてくださりありがたかった。さて本番2日前、エキサイティングな練習だ。屋外での練習なのでかなり響きが心配だったが、

意外と良い音がした。トラックの積み下ろしも速い。みんなやる気があり練習でどんどん上手くなっていく。やはり本番会場の練習は必須だ。並び方、移動などの練習。何より普段の練習場と違い広々した空間がなかなかよろしい。自然の中でなんか伸び伸びしている。あっという間に時間になった。時間が短いと思うことは良いことだ。その分集中しているからだ。

9/22　　昨日はあいにく部活に午前中しかいられなかった。そのため午後は外部講師が来てくれた。といっても講師は僕の教え子だ。練習後聞いてみるとよく自分たちで頑張ったとのこと。やはり自主性、自立が目的の部活だ。ちゃんと教えればどんどん良くなっていく。もうかなり基本的なことを繰り返しながらやってきたおかげで自分たちで色々工夫しながらやっているのが嬉しい。

　色々なことをすればそれに応じて色々問題が起こり、そしてそれを克服することが良い。

　そこで反省し、次に向かって頑張るからだ。マーチングは練習場所がないとうまくいかない。演奏しながらできる場所が必要だ。ところが日本の現状はそうはいかない。グラウンドでは音が出せないし、雨ともなると当然できない。体育館はスポーツクラブが使用しているし、学校外の体育館はなかなか取れないし費用もかかる。

　しかしマーチングで今回なんと二回だけの練習で本番を迎えるのだ。無謀と言ってしまえばその通り。

　危険なチャレンジだが自分としてはかなり良い。思ったよりも良いのだ。そこには大変な工夫があった。それはまた伝えることにしよう。

9/23　　昨日は久しぶりの本番。　オータムコンサートだ。観客がどれほど来るか心配だったが、それより演奏や演技の完成度が一番の心配だ。何しろマーチングは楽器をつけ演奏して動きをしたのがなんと本番の日も含め3回しかやってないのだ。しかしなんとかマーチングの楽しさは伝えることができたことは嬉しい。今回はマーチングで音楽室でのトラッキング（演奏しながら行進する練習法）をやれたのが良かった。これで動いて演奏するこ

とに慣れたからだ。次にグラウンドでの
動きだ。今回エアー練習をやった。楽器
に息を入れる練習だ。都会の運動場なの
でもちろん音を出すことはできないが息
を入れることはできるからだ。今回は何
と言ってもまだ経験不足の１年生が、無

事にマーチングの本番をできたことが嬉しい。上級生の基礎ができているか
ら、センスが良い生徒はそれにつられて自然に上手くなるのだ。

9/24　　昨日は日本管楽合奏コンテストの録音審査のための収録を高校
のチャペルで行った。録音は知り合いの知り合いで素晴らしい収録ができた。
前日はオータムコンサートでほとんど準備していない状態のなか、なんとか
できた。修理の森川さん、スタッフの皆さんに感謝。何しろ初めての試みで
どんな録音が良いかもわからずにやったが、最後は守護神「林さん」にやっ
てもらったら想像以上に良いものができた。持つべきものは友人と思った。
本当にありがとう。結果はどうなるかわからないが、次のチャンスがあった
ら是非とももっとレベルを上げてやりたい。

9/25　　日本管楽器合奏コンテストの収録は大変だったが、素晴らしい
録音ができた。こんなにもマイクの配置や録音技術で音が変わるとは思って
もみなかった。それにしても思った以上の出来栄えだ。結果はともかくやっ
て良かった。

　昨日は１時間の自由練習だ。その前が２日続きの本番で心身ともに疲れて
いたことの判断だ。今日嬉しいことがあった。それはオータムコンサートの
レポートだ。常日頃、文字や文章は人を表すと言っていたのが、今回いつも
字が汚く、漢字も書かなかった生徒が綺麗な文字で内容のある文章を書いた
からだ。吹奏楽で成長してくれることを期待している自分にとってとても嬉
しかった。文章や話は「FOR YOUとありがとう」の思いがあると良いと言っ
ていたことと、自分の言葉で書くことを言っていたのが良かったようだ。

9/26　ジャズフェスティバルの講
評をエリックさんにお願いした。彼は教
育に関してものすごく協力的だ。いつも
先生のためだったら頑張ると言ってくれ
る人だ。こんな友人がいることに感謝し
ないといけない。いつも無理難題を引き
受けてくれありがとう。

　昨日はベートーヴェンの2曲目が来た。凄い編曲だ。思った通りのシンフォ
ニックな編曲に、素晴らしいと感じた。マーチングの世界に劇的な改革をし
たいのが今回の曲だ。練習から楽しい。こういう曲を待っていた。早く最後
まで練習したいのだが。

　オータムコンサートのレポートが来た。みんな本当によく書いてくれるよ
うになった。稲佐山でのマーチングのコンサートだ。なんと550名もの方々
が聞きにきてくれた。今回はYouTube発信をしたのだが、これも大変評判
が良かった。良かった理由は選曲だ。1週間前とはかなり違ったプログラム
になったのだが、やはり変えて良かった。

　選曲は大変大事な作業だ。まず、本番会場だ。自然の豊かなところなのだ。
森の緑、爽やかな空気、広々とした空間。まずこの風景に合う曲だ。そして
そこには演奏者の個性も出さなければならない。初めて聞いた人に感動して
もらえなければ意味がない。そんなことを思い選曲と練習をする。ここには
コンクールの姿はない。あるのは観客の喜ぶ姿だけだ。

9/27　昨日はテスト前なのと土曜日なので練習はなし。みんなはどん
なことをしているかな。まず、日頃できなかったことをする。やることリス
トを作ってみる。そうだ、あのCDを聞こう。ちょっと本屋に行く。3冊購入！
コンサートバンドとジャズバンドの曲で打楽器の楽器を少し変えたい。シェ
ケレとジャンベ（打楽器）を探そう。どっかないか。

9/28　　　テスト前なので土日は休み、平日は朝練習のみだ。吹奏楽部の目標は、部活と学習の両立だ。まず最初に勉強！　計画を立て、しっかり準備して欲しい。次に部活、目標はマーチング九州大会と日本管楽合奏コンテストだ。あ、あと自分が最後となる12月の定期演奏会だ。演奏とマーチングの動き、カラーガード、マーチングパーカッションの練習も大事だ。

　そういえばアンサンブルコンテストもある。それらの準備はまず現在の状況を教えることになる。現在はＤＶＤやYouTubeがある。研究するには十分だ。いろいろなことをバランスよく計画しなければならない。

9/29　　　テスト前で朝練習だけ。今後の予定。テスト前の練習をどうするか。管楽合奏コンテストのＤＶＤ鑑賞。ベートーヴェンの録音をする。まだ次の楽譜が届かない。振り付けもドリルもバッテリーのアレンジも進まない。もう祈るしかない。ベートーヴェンの最初はd moll（ニ短調）の曲だ。当然基礎練習はスケールからハーモニーまでニ短調だ。短調のハーモニーはなかなかやる機会がない。純正律の長調ばかりやっているからかな。

9/30　　　朝練習しかないのでちょっとだけ行った。最近来た曲の録音ができた。やはり良いオーケストレーションはやっていて楽しい！良い音がするし、音楽が素晴らしい。今後この曲がどんな展開をするのか楽しみだ。マーチングの世界に音楽のサウンドが変わりそうだ。

　マーチングはどうしてもビジュアルの点数が高い。見た目が良い方が人気があるのだ。それを根本から変えたい。吹奏楽の良い音でマーチングをした方が良いに決まっているのだ。

　テスト前の練習時間は短い。勉強もしっかり頑張ってもらいたい。

日々の練習！
2020年10月

10/1 テスト前なので朝練習だけだ。昨日はアワータイム、生徒だけの練習だ。前日よりもはるかに成長している。こんなバンドになってくれて、最高だ。楽譜が来たばかりなのでそれなりに上手くなるのだが、それでも生徒自身で音楽的に良くなったのは嬉しい。

やはり生徒もちゃんと教えれば、指導者よりも良い練習ができるのだ。しかも指揮も自分たちでやっているのだ。この演奏をお聞かせできないのが残念だ。

アンサンブルコンクールも YouTube にたくさん資料が流れている。これが本当に助かる。また、ネットで何でも調べられるのが良い。そうなってくると、英語ができることが大事になってくる。もう英語の勉強をやるしかない。

10/2 昨日もアワータイム、自分たちの練習だ。録音を聞くと今回は前よりもレベルが落ちた。ある程度仕上げるとよほど考えた練習でないと実はレベルが下がるのだ。しかしここがとても大事なことだ。よくコンクールでは支部大会は良かったが、次の大会は良くなかったということを聞く。一回完成したものを作り、後の練習がこれを保持する練習になると、大体ほとんどレベルは下がるのだ。よほど目標を明確にしないとこれから成長するのは確かに難しい。

10/3 今日何をするか、よく考えてみると、結構たくさんある。まず５Ｓだ。掃除、整理整頓だ。これは身の回りだけでなく頭の整理も大事だ。毎日リストを書いてみた。今後の予定もだ。今学期の予定も。今年の予定も。そうすると色々することがあるな〜。

もう結構自分はトシなので頭と身体が衰えないように、いやいや細胞を活性化するために努力すべきではないかと。

- -

10/4 日誌やレポートを書かせると、メンバーが自分自身で考えるチャンスになる。驚くことに書かせていると、まず文字や文章がだんだん良くなっていくのだ。

最初はひらがなばかりだったのが、漢字も使うようになるのだ。それに伴い、精神も安定していくようになる。

文章も最初は箇条書きだったのがちゃんと文章になってくるのだ。あと最初は３行ぐらいだったのが、だんだん増えてきて内容も良くなってくる。書くためには毎日の様子をしっかり見るようになり、そして考えが深くなって来るのがわかってくる。

日誌には様々なことを書いて来ると、今度は自分の状況をだんだん理解して来る。さらに自分の状況を整理して来るようになる。

- -

10/5 テスト期間中である。部員のテスト計画表のレポートを見る。みんな良く書いている。Ｅテレを見る。ＮＨＫ交響楽団を鑑賞したいからだ。管楽器は上手い。指揮者の広上氏を見る。個性的で面白い指揮だ。こんな指揮があるとは、びっくり！

吹奏楽の指導で何をするかは重要なことだ。吹奏楽連盟の事業である吹奏楽コンクール、マーチングコンクール、アンサンブルコンクール、マーチング協会主催によるカラーガード・パーカッションコンテスト、それに部の行事の定期演奏会、ファーストコンサートなどの実施だ。学校はまず学校行事がある。そして家族、生活もある。そして進路も。これらすべてのバランスが大事だ。今年はコロナ禍のなか部の行事のほとんどがなくなり、動画配信やYouTube発信などが出てきた。しかし何かを目標として頑張ることを設定しても、大事なことは生徒の自立と自主性であるし、達成感も大事だ。今年はもうすでにあと３か月しかない。観客が満足する、そして感動するコンサートをしなくてはならない。やるしかない。頑張れ、自分！

10/6　笑顔は心のビタミン。表情を見れば、バンドの状態がひと目でわかるのだ。笑顔があることは楽しく嬉しいからにほかならない。人間関係が悪いと笑顔がなくなり暗い雰囲気になる。

　バンド指導で一番厄介なのは人間関係だ。いつの間にか仲が悪くなっている場合があったり、ついにはバンドを辞めたくなったりする。逆に人間関係が良い学年やパート・バンドは推進力が違ってくる。人間関係の悪化は目に見えないうちにだんだん広がっていく厄介なものだ。

　ではどうしたら良いか。信頼関係を作る場を与えることが必要だ。合宿やミーティングも良い。ゲームやリラックスタイムも良い。とにかく日頃と違う所に行ったり、寝食を共にしたりすることで、相手の良いところや新しい発見をすることがあるからだ。

　次に人間関係は、言葉が問題だ。自分が受けて嫌な言葉、逆にこの言葉で元気になった良い言葉を書いてみることも効果がある。とくに1年生においてはまだ慣れていないことや精神的に弱い場合があるので、バンドとしては大事にしなくてはならない。1年生を対象としたファーストコンサートなるものを一学期後半ぐらいに実施することで、保護者や1年生本人がバンドで大事にされていることを体験できる。

　言葉に関しては、大人の社会でも同じである。心無い言葉や態度は人の気持ちに影響を与える。人間関係の基本は、まず人は違うという認識に立つことが大事だ。人は自分とはもともと考えも感想も違うのだ。

　吹奏楽部は集団で作るものだ。技術だけではできない、心が一つにならなければ音楽も一つにならない。このことは練習やあらゆる活動がこの人間関係でぎくしゃくしたりあるいは凄い集中力になったりする。

　人を大切にすることは音楽を大切にすることにも通じる。指導者である自分も心していなければならない。知らないうちに相手を傷つけたりするからだ。部員は指導者のロボットではない。ついつい指導に熱くなり言葉がひどくなったりすることも慎まなければならない。

　アレクサンダー・テクニークの本に、言葉使いや指導のアプローチに関して素晴らしいことが書いてある。参考にしたい。

10/7　　やっとテストが終わり、練習が始まった。さあ、これからだ！まずは生徒の状況から。現状のバンドの状況把握、今後の練習目標の確認、本日の状況。カラーガードは大学でレッスン。マーチングパーカッションは三菱体育館で練習。そしてそれ以外は高校で練習。こうなるとマーチングの練習しかないのだ。そこで現在までに来ている最新の楽譜の練習を始める。

　テスト明けもあり、まず楽器が響かない。そして自分も含め集中力と練習のスイッチが入らない。また部活内の人間関係が最近ぎくしゃくしている。信頼感の欠如があると、練習が当然うまく行かない。この対策も練習と並行して考えなくてはならない。

　今後は大学との合同練習もある。その準備もしなくてはならない。

10/8　　さあ、ついに始動した。マーチング九州大会だ。しかしまだ楽譜が半分しか来ていない。これはきっと素晴らしい曲が来るに違いない。それとカラーガードとマーチングパーカッションコンテストにも出場する。もうやるしかない。コンテストの目標は全国大会出場と日本一だ。今年のコロナであっても上手いところは上手い。なぜか。努力するからだ。

10/9　　シエナ・ウインド・オーケストラの山口氏が来られた。レッスンもされ、生徒は大変喜んだ。指導は的確でしかもわかりやすく真剣であるからだ。

　なんと大学生が朝練習に来た。大学生は初めてだし、一緒に練習することも初めてだ。

シエナ・山口隼士氏（左）と

　内容はマーチングの動き。リーダーの的確な指導でどんどん進む。あっという間に３分の１まで進んだ。なかには始発で来た学生もいた。

　終わって感想を聞いてみるとこんなに朝早く練習したが、爽やかな印象だったようだ。評判が良い。ちょっと安心した。

練習は自己紹介から始まった。こうなると次の楽譜が早く欲しい……。

10/10　朝練習に大学生も参加。なんと2日間の朝練習で一曲目のドリルが終わった。普通ではあり得ないスピードだ。しかもマーチングの初心者もいるのだ。凄いことだ。これには理由がある。まず曲が良いこと。そして当然ドリルが良いこと。音楽とピッタリした動きだ。バンドのメンバーが声掛けをしてやっていることが、練習をスムーズにしている。

マーチングスタッフによる初心者に向けたドリルの解説がわかりやすい。ドリル製作者からのパソコンで見られる動画も理解を手助けしている。

なんといってもみんな朝から全力投球だ。この空気感が良い。

10/11　昨日は3地区で練習だ。長与の体育館でバッテリー。東山手の体育館でカラーガード。学校で管楽器の練習とマーチングの動きだ。

それぞれに専門家を招いてレッスンがあり良い練習ができた。また保護者説明会の役員会も開催。

盛り沢山だ。あとソロコンテストに二人が予選通過で挑む。全てを指導者は理解し、まとめなくてはならない。

10/12　昨日は大学の体育館でマーチングの練習。楽器をつけマーチングを初めてした。なんと1曲目、2曲目と仕上がった。

練習はスムーズにいった。教え子で卒業生の宮田さんが楽しいストレッチをしてくれた。これがスタートを良くする練習だった。9時から17時まで素晴らしい練習が展開した。あと2週間だ。体育館はあまり暑くなく練習がしやすい気候だ。

みんなの集中力や元気の良い練習態度が良い。

10/13　ついに楽譜が来た。素晴らしい曲だ。この曲が良いから演奏もよくなる。マーチングの動きも当然良くなる。やはり曲だ。

エンディングがまた素晴らしい。早速合奏だ。とても良い。やっていて楽しすぎる。

さあ、追い込みだ。ここからKMC（活水・モルト・クレッシェンド）でいくぞー！

10/14　昨日は活水女子大学での合同練習だ。自分たちで練習だ。これをアワータイムという。みんなやる気満々だ。なので練習が上手くいく。そしてリーダーシップをとるリーダーが素晴らしい。練習中はみんなで声掛けができるチームになっているので練習が楽しく前へ進む。こんなバンドを思い描いていたがそのようになっていることに驚く。

大学体育館

しかし音楽は難しい。体育館でのマーチングの音楽は思った通りのバランスにならないし、響きすぎて何をやっているかわからなくなるからだ。ちょえー、難しすぎる。でもやるしかないのだ。思いつきでもなんでも結構だ。なんとかならないだろうか。やるしかない。

10/15　ついに全ての楽譜が揃った。やっとスタートラインに立ったのだ。その前に自分の体調が悪くこれはいけないと思い、スイッチを入れて練習に臨んだ。まずカラーガードショーだ。ライフルの演技が安定しない。これは練習しかないだろう。

何か良い方法があれば良いのだが、そうではない。単純なテクニックであるが、やはり積み重ねしかないのだ。コツコツやる以外はない。昨日の録音や動画を見て、濁っている部分の合奏を行った。これは良い練習だった。

10/16　マーチングパーカッションの指導を最初にした。もちろん自分では演奏できない。自分ができるのはイメージしている音色の是非、そして音楽だ。音楽はアンサンブルとしてのバランス。そして音楽性だ。リズム、

フレーズ、アーティキュレーション、構成感、などを確認していく。何と言ってもメンバーが集中しているのが大事なことだ。練習で本番さながらの集中力を作ることが指導者のやるべきことだ。だが、しかめ面をしてもよろしくない。まずは笑顔からスタートだ。練習の掴みが大事だ。

　結局バッテリー、ピットと練習した。だんだん上手くなっていくのが嬉しい。

　次に合奏だ。今日のポイントを絞る。通すだけの練習は意味がない。3箇所集中でレベルを上げる。これも成功だ。

　最後に録音だ。いつもこのように練習がうまくいかないが、昨日は良かった。一番の問題は自分の体調だ。

10/17　ついにすべてのドリルが来た。現代はドリルシートだけでなく動きがわかるアプリがあり、みんなこれを見て自分の動きを確かめられるのだ。優れものだ。

　指導に行き、まずはトロンボーンとユーフォニウムを見る。ほとんど1年生のトロンボーン、そして2年生のユーフォは高校からユーフォをしている。このパートレッスンでは何と言っても一人ひとりを見ることが出来るのが良い。一人ひとりを見ると、やはりある一人のアンブシュアが良くなかった。合奏ではこのような指導はできないので、このレッスンは大事だ。1年生のトロンボーンは以前響きが悪かったが、昨日は日々の練習の効果が上がったせいか、とても良い響きがしていた。これが継続して努力した練習の成果だと思う。

　最後は合奏だ。前日の作曲家からのアドバイスを受け、そこを中心に練習した。疲れていたせいか、焦った練習だった。これは自分の反省だ。練習はスムーズにいった。録音の機械の調子が悪く、残念ながらできなかった。

10/18　大学生と高校生が一緒にマーチングの練習をした。体育館ではすべての曲を初めて通すことができた。もちろんマーチングでだ。

　リーダーの指導が良いこともあるが、みんなが仲良く努力したことが素晴らしい。なかにはマーチングが初めてのメンバーがいるのに、この練習の展開は素晴らしいとしか言えない。何しろ曲が良い。そしてその曲を活かしたマーチングのドリルフォーメンションが良いのだ。暗譜や動きを覚えること

は大変なことであるが、みんなの声掛け
や個人指導が功を奏したようだ。

　それに加えて、高校はオープンキャンパス
での手伝いの生徒がいたり大学生は授業
の学生がいたりして、出たり入ったりの練
習だった。一日中の練習で疲れが見えた
ので作戦「アイス」にしたところ大好評
であった。偉大なアイスである。

10/19　　昨日は保護者会のみまもり隊が来られた。なんとアイスとプ
リンの差し入れ。みんな元気になった。また、他の保護者からの差し入れの
お菓子もあり、さらに元気になった。

　大学の体育館での練習だ。中学・高校・大学生みんな仲良く練習ができ、
今回はマーチングのユニフォームを着ての練習だ。何かいつもと違った。や
はりユニフォームを着たから気持ちが上向いたに違いないのだ。当然音楽も
動きも良くなった。

　昨日はマーチングパーカッション、ショートカラーガードショーも練習し
た。これは大変練習が濃いものになった。マーチングパーカッションはタイ
ミングエラーなるものの対処がある。バッテリーとピット楽器が離れている
ためにテンポがずれるのだ。だんだん練習しているうちに慣れてきた。ただ、
合わせようとするあまり、音楽のアピールや説得力のない味気ないものになっ
た。今後の課題だ。

　次に昨日一番努力したカラーガードの練習だ。安定感のなさを最初の通し
で暴露された。そこからは、丁寧に頑張って練習した。結果はかなり良くなっ
た。しかし相当大変だった。

10/20　　昨日は長崎県文化祭オンライン文化祭の録画。高校のチャペ
ルでの録画をする。曲目は「ディスコ・キッド」、「会津磐梯山」！　メンバー
は全員。

　高校の卒業生で大学の映像学科にいる先輩に録画を依頼。最近のマーチン

グの練習で今日の本番の練習はほとんど皆無。

　チャペルで慌てて練習をする。なんとかサウンドの整理と音楽の表現までを1時間位でまとめる。なにしろ初めての参加でどんなものが良いか、手探り状態で録画。基本はコンサートの感覚だ。聞いて、見て、楽しめる内容を考えた。コンセプトは「これが吹奏楽」「これが活水」「音楽は楽しい」「長崎県民に対して」だ。どんな録画になるか楽しみだ。先輩頑張れよ！

10/21　　バンドのカラーガードとパーカッションの講師が来られ大学の体育館でレッスンだ。この打楽器講師のK氏、カラーガードのH氏はかなり昔からバンドのスタッフとして来られている。僕なんかお呼びでないくらいに人格も技術も素晴らしい方々である。

　このお二人には色々と何度救われたかわからないぐらいだ。なにしろ真面目で丁寧で優しい方。当然全国からお呼びがかかるぐらい人気のお二人だ。今後も末長くお付き合いしたい。

10/22　　活水大学の体育館での大学生との合同練習だ。作曲家の鈴木氏と打楽器の目黒氏、それに加え、バッテリーの作曲とマーチングパーカッションの作曲の小島氏、カラーガード振付の樋口氏とたくさんのスタッフ参加での練習だ。マーチングはこれほどスタッフが必要なのだが、アメリカではもっとたくさんのスタッフがいる。本来この他に動きのスタッフが必要となる。今回はコンテスト参加のためのスタッフがたまたま一緒だったがこれで指導が分散することはない。それぞれが分担して指導を行うので問題ない。動きのクリーニング、演奏のクリーニングが本日の練習だが、上手くいった。

　なにしろ楽譜が揃ったのが約1週間前である。それからが大変だ。カラーガードの振付、打楽器のアレンジが早急の急務となるからだ。全てできたのが2日前だ。この短期間での仕上げがすごい。メンバーの努力が素晴らしい。

特にマーチングの初心者がおそらく目に見えないところで頑張ったに違いない。ブラボー！

10/23 　2日続けて鈴木先生がレッスンに来た。もちろん大学生も参加だ。場所は高校の音楽室。レッスン開始は4時半、点呼からすぐにスタートだ。

鈴木先生に感謝！

今回のレッスンは作曲家が曲への想いを語ってくれたことが大きい。活水の歴史そしてメンバーの変遷での運命的な出会い。活水の音楽の歴史も含む曲作りだ。ベートーヴェンに「ルイブル」、2楽章でのクライマックスでの『サウンド・オブ・ミュージック』の「みんな山に登ろう」から「ルイブル」が絡める見事な曲作りだ。

それと肝心なハーモニーのフレーズ感の説明には納得だ。指導者としては不勉強極まりないことが露呈した。

自分の反省として和声ぐらい勉強しろよと言いたい。クライマックスの「歓喜の歌」での和声はまさしく作曲家のチャレンジだからだ。

レッスンは無事に終了した。クオリティーが上がったこと以上に音楽がレベルアップした。

10/24 　カラーガードの一人が怪我をした。すぐ病院に行って処置していただいた。本番が近くなると想定外の事故や問題そして怪我などが出る。疲れとともに集中力がなくなってくることがあるように思う。しかし本人もやる気があり本日の練習から参加している。みんな本番近くなると気持ちが熱くなり練習も当然細部に渡りハードになる。今みんな仕上げの段階なのでこんな時こそ言葉使いや態度も気をつけなくてはならない。きつい言葉や荒い言葉、態度に気をつけよう。そしてもちろん怪我や事故などにも要注意だ。

10/25　福岡の中学校の吹奏楽部のレッスンをした。本番の前日の練習である。自分がどんな指導をすることがベストなのか考えたが、練習が始まるともうそんなことも忘れた。音楽は演奏によって生命を持つことが大事だ。音楽以外でも言葉だって、心に染み入る言葉やなんとなくそういう言葉がある。そこには心と技術が必要なのだ。あと観客目線が必要である。どういう音楽が楽しく伝わるかを考えなくてはならない。

　今回の中学のバンドは技術があるし、みんなやる気もある。この中学の先生も熱血漢で情熱家だ。メンバーも感受性がありしかも素直だ。中学生ながら真剣で一生懸命だ。もうなんの問題もない。あとは聞かせるだけなのだ。

　さて、自分のバンドはどうだろう。指導者がいなくてもできるだろうかと不安が心をよぎったが、ちゃんと練習していた。自立したメンバーを育てることが目的なので信じていた。練習の動画が送られてきた。素晴らしい！ちょっと嬉しかった。

10/26　昨日は「吹奏楽スーパーバンドフェスティバル西日本大会」に副実行委員長と講評者として参加した。どの団体も良く練習しているのがわかった。今回のコロナの影響でステージでの音出し、チューニング、基礎練習を見ることができたことはバンドの特徴を見る上で勉強になった。昨日はちょうど本来ならば全国大会の日だった。

　今回九州以外の関西、岡山から参加の団体の、九州とは一味違うサウンドと選曲、演出など大変面白く聴くことができて大変嬉しかった。関西、岡山からは明浄高校、東海大学付属仰星高校、近畿大学付属高校、岡山学芸館高校、おかやま山陽高校が来福した。

　講評者は私・藤重とサックス奏者の小澤瑠衣さんだ。小澤さんはアドルフ・サックス国際コンクールで2位を受賞した、新進気鋭のサックス奏者だ。司会はオザワ部長（吹奏楽作家）と月野もあ（仮面女子）さんだ。無駄のない軽妙な司会で全くミスがなかった。流石である。

　昨日は講師の先生二人も来られ、基本は自分たちでの練習だ。後半は保護者のためのお披露目も行った。あとで録画を見たがよく頑張った様子を確か

めることができた。大したものだ。ちょ
くちょく電話し、どのような状況なのか
確認したが、集中した練習と本番ができ
ていた。メンバーの自立が目的なので、
このことは指導者として嬉しい。

　録画は卒業生のＴさんだ。すごい機材
を持ってきてくれた。

左から月野さん、私、小澤さん、オザワ部長

10/27　　今回はマーチング九州大会の動画審査のための収録だ。大学
の体育館で中学・高校・大学生と一緒に練習して録音だ。みんなやる気満々！

　こんな人たちと練習して楽しい。スムーズな練習で動き、音楽のクリーニ
ングをする。

　一回通して見るとなんと時間オーバーだった。２楽章がゆっくりしすぎた
のだ。すぐ練習で良くなった。

　保護者や大学の吹奏楽部員も応援に来てくれた。大学の１年生のお父さん
が宮崎から来てくれ、差し入れを頂いた。

　また、保護者会会長がこの日が誕生日だったので、お祝いした。会長が嬉
しそうだった。

10/28　　朝練だけ参加。午後は家庭の日でお休みだ。まず昨日の体育
館で積み込んだトラックからの楽器搬出から始まった。様子を見に行く。こ
のたかがトラックの積み下ろしにバンドの決定的な様子が伺えるので指導者
は見なければならない。７時前にすでにトラックが来ていた。もう生徒の大
部分はせっせと積み下ろしをしている。問題はどんな生徒が来ているか、い
ないか。そしてみんな仲良くキビキビやっているか。生徒の表情も大事だ。
疲れていないか。笑顔であるかなど。そしてできるだけ声を掛けることも重
要だ。

10/29　　自分がいないので、メンバーたちだけの練習、アワータイム
だ。録音を聞くとイキイキとした音と音楽が聞こえてくる。いいじゃないか。

これこそが待ち望んだバンドだ。自立と自主性こそバンドの目的の一つである。選曲も良いのが嬉しい。急緩つけた選曲が良い。朝から気分が良くなった。昨日の選曲へのアプローチが活かされた内容だ。

10/30 楽器屋さんを訪ねたら、なんとウェルカムボードが。こんなちょっとしたことが嬉しい。

自分の学校の生徒には意外と演奏を聞いてもらえてないので文化祭は大きな機会だ。学校内で演奏することはバンドを理解してもらう良い機会となる。バンドはやはり色々なところで応援協力してもらわないといけない。

選曲にはやはり工夫が必要になる。テーマやコンセプトが必要だ。参加型、クイズなども良いかもしれない。イントロクイズや演出はとても大事なことになる。

楽器屋さんのウェルカムボード！

10/31 4日ぶりに長崎に帰ってみると、突然予定外に指揮をすることになった。こんなことを誰が決めたのだろうか。

学校に着いてみるとすぐにリハーサルだ。会場の響きはやはりチャペルなので残響がかなりある。また、祈ることを目途とした建物である。この会場にはここにしかない表情と響きがある。事前の予定の曲を変え演奏してみた。

予定いっぱいにリハーサルで演奏した。立ち位置の確認、演出の確認などを経て終了した。その後も音楽室に戻りしっかり練習した。

選曲はいつも難しい。

11/1　　朝ドラ「エール」を見た。甲子園球場で佐藤久志（山崎育三郎）が「栄冠は君に輝く」を高らかに歌う場面が素晴らしかった。彼はこのドラマの場面のために体重を５キロ減らしたそうだ。俳優としても素晴らしい演技だが、それより歌の凄さに感動した。やはり音楽の想いはこんなにも伝わるものだと感心した。これは凄いことであり、今後音楽が普及していく大きな手がかりになるように感じたのは僕だけだろうか。

　昨日は文化祭で思わぬ指揮をすることになった。当初はアワータイムとして生徒自身にやらせる予定だったのだ。部活の目的は自立と自主性だ。最近のこの部活は自主性があり自分たちでなんでもできるようになったので今回はどうなるか、楽しみだった。しかし前日に指揮をするようなった。当然自分は指導者だが指揮者でもある。

　当然、生徒が考えた選曲には迎合しなかった。いつかはしたいと思った指揮者入場の演出も提案した。また、今一番練習していた曲もプログラムに入れた。本番は２回だが、全て同じ選曲になった。本来は少し選曲を変えたほうが良かったが、生徒のもうこれ以上変更して欲しくない空気に負けた。

　客席にいた生徒や保護者などに感想を聞いた。全て良かったが、やはりまだまだ反省がある。ただ前日に指揮をするようになったので準備不足だった。今後の糧になったことは言うまでもないが……。

11/2　　関西マーチング大会の審査委員をやらせていただいた。その前に自分がいないバンドはアワータイム、自分たちで練習した。

　欠席はなし。凄いことだ。マーチング、コンサートの練習。次の目標は主に定期演奏会の練習だ。12月24日が本番だが、少し時間が空いているように思えるが、仕方がない。

　関西は初めてのビデオ審査で興味津々であったが、進行が良く予定の時間

に終了した。関西の実行委員の方々のチームワークの良さを感じた。

11/4　　長崎市立戸町中学校吹奏楽部の第
23回定期演奏会に行ってきた。1部クラシック、
2部ゲストバンド＆ポップスステージ、3部マー
チングステージの3部構成だ。

　まずロビーに入ると保護者が受付、コロナの
検診、などを行っていた。

　あとロビーにはバンドの思い出の写真が飾ら
れ、なかなか気の利いた場所になっていた。

　しかも観客が満席に近い盛況ぶりだ。いかに
このバンドの人気があるかよくわかった。

　1部のクラシックはオーソドックスにまとめていた。このバンドは演奏す
ることも含めて観客目線でプログラムを作っていることが特徴だ。しっかり
したサウンドと音楽作りだ。

　2部はゲストの戸町小学校の金管バンドだ。とてもオープンなサウンドで
楽しそうな演奏だ。この子たちが中学でまた入部してくれるといいなと思う。

　3部はマーチング、スムーズな展開のステージドリルだ。選曲も動きも無
理がなく効果的な演奏演技だった。

　昨日の練習は今後の予定を立てるためにミーティングを行った。まずレポー
トの返却での感想を述べ、今後の予定と定期演奏会の予定である。今年の計
画はすべてコロナの影響を受けいつもと違う活動になった。そんな中で本当
に良くやったのだが、何かもう少し活動としての思い出や完成度の高いもの
を作りたい。色々悩むのも今しかないのだ。ほぼ定期演奏会の曲は決まりそ
う、ただ何か今年の「テーマ」が必要に思うのだが、どうだろう。

　もう今年で6回になる定期演奏会なのだが、いかんせん昨年の記録がほと
んど残っていないのだ。運営のまずさが露呈することになる。しかしもうや
るしかないのだ！

11/5　体調が悪く、少し遅れて行く。今回はアンサンブルのレッスンから始めた。やはり思ったとおり、まずい選曲、人選、など色々あった。もちろん練習の仕方も教える。

やっと全員が集まり、合奏となる。定期演奏会の候補である「そりすべり」「ムーラン」「ジャーニー」だ。

指揮すると体調の悪さを忘れる。音楽は凄いと感心する。気持ちが高まり楽しくなるからだ。どんどん良くなるごとに気持ちも体調も良くなるから不思議である。

11/6　長崎の小さな島の学校、大崎高校野球部が甲子園出場を決めたそうだ。そして本日は秋季九州大会決勝戦。なんと対戦相手は自分の母校（福岡大大濠）だ。「小さな島から甲子園へ」という目標が現実となった。これは吹奏楽でも一緒である。なんかワクワクする話である。

さて、練習。昨日は九州マーチングの収録から久しぶりに練習した。かなりマーチングの基礎もできてきたので約30分位でも充分良い練習ができた。それから気になっているパートのレッスンだ。次に金管、木管、打楽器と低音のセクション練習だ。そして合奏だ。合奏は「コンサートバンドとジャズアンサンブルのためのラプソディー」と「ムーラン」、「そりすべり」だ。スムーズな練習でしかも良くなった。いつもより少し早めに終わり、大学のレッスンに向かった。

11/7　ちょっとだけ練習に行く。まだ練習していない「ラ・ラ・ランド」を合奏。意外と良い。合奏2回目は数段良くなった。この後タクシーで駅まで、マーチング協会の役員として福岡へ。

11/8　昨日もアワータイム、自分たちだけの練習だ。録音を聞いてみる。インテンポには速すぎる練習時期であることがわかる。今の目標は音色と基礎を伸ばし、小手先ではないサウンド作りだ。しかし自分たちでの練習はうまく機能しているようだ。

　今回は試しに金管分奏、木管分奏を録音してみた。明らかに成長している音が聞こえた。すごいぞ君達！

　実は今回の金管分奏の録音はほとんどしたことがない練習だ。この今までの練習方法を変えることが重要なことだ。さあ、今日の練習が楽しみだ。

11/9　　九州マーチング協会の全国大会九州予選が終わった。今回、初めての開催のビデオ審査は111団体の参加だった。

　コロナ禍で練習がままならぬ状況ながら、どのチームもびっくりするぐらいの出来である。最近は徐々にコロナが増加状況にあるようだ。しかしどんなもので

校舎の夜景

も本番である。みんなは今回の参加で頑張ったのだろうと感じる。なかには、初出場のところもあった。いつかはこの素晴らしいマーチングを観客に届けたい。きっと来年度は通常の開催ができると信じたい。

　昨日も自分たちだけの練習だ。録音を聴くしかないが、良く頑張っていた。

　今回は新しく、分奏スタイルでの練習だ。バランス良く練習計画も立てたようだ。なんと今回の録音は基礎練習もあった。スケールのユニゾン練習だ。

　これこそが実は一番目指すものである。一見簡単であるがそうではない。上手いバンドは倍音が半端でないので、まるでハーモニーがあるような錯覚をするぐらいだ。

11/10　　昨日の練習は第一段階から、再度やり直しした。やり直しとは、練度のレベルをかなり上げることだ。このレベルになるとサウンドもハーモニーやその他の音楽的な演奏がガラリと変わる。

　本来個人のレベルで練習することではあるが、スクールバンドでは個人のレベルがあまりに違うのでアンサンブル力を高めることしかない。録音を聞いてみるとやはりグーンと良くなっていた。

11/11　　最近の練習の目標は完成度と達成度だが、基本となる音色作りの原点に戻ることを部員に提案。もちろん合奏での練習は本来の最高レベルの音色を指導することになる。思った通りサウンドのレベルがかなり変わってきた。ピッチやリズムを合わせることに目標を置くと、だんだん音色が削られ本来の豊かなサウンドからだんだん遠ざかっていくのだ。しかし今やっている練習により、かなり変わってきた。こうなると合奏のサウンドが豊かになり、音楽のダイナミックさや表現力が飛躍的に変わる。録音を聞いてみるとかなり変わってきた。

11/12　　遅れて行ったら、部長に指示したアンサンブルを延々とやっていた。何の計画もなくやり続けていたのだ。みんな暗い表情である。なのでちょっと映画『アナ雪2』を見せる。いつ観ても表情豊かでファンタジーあふれる世界だ。その勢いで「アナ雪」の合奏をした。最近基礎的なレベルが上がったために響きが良く、楽しく合奏ができた。

11/13　　アンサンブルの練習と指導だ。明後日アンサンブル発表会をするようにした。昨日はリハーサルを約1分だけ行い、みんなで鑑賞した。これは大変な緊張感があり、みんなの見る目が変わった。アンサンブルは一人一役だ。一人の責任が吹奏楽の合奏と、かなり違う。しかも指揮者がいないので、自分たちで音楽やサウンドを作らなくてはならない。

　色々なアンサンブルがあった。基礎的な音程や音色、リズムが安定していないところもあった。さらに自分の役割がわからないと、バランスが取れない。このアンサンブルがもたらす効果として、一人ひとりの音楽性や自主性がもろに出ることが良い。

　明後日の本番が楽しみだ。

11/14　　昨日もアンサンブルが主な練習だ。本番がどうなるか楽しみになってきた。指導者にとってこの発表会は自分の指導の結果でもある。アンサンブルといっても音楽の基礎的な部分や基本的なことにはなんら変わり

ない。しかもこのアンサンブルは一人ひとりが丸裸である。

　昨日は今年卒業したＯＧが３人来てくれた。昨年はマーチング、吹奏楽と全国大会に行くことができた。３年生の人数も多く、レベルも高かった学年だ。しかも意識が高く個性的なメンバーが多かった。そんなＯＧのために今やっている曲を演奏してみた。あとで聞いてみると、以前より上手くなってびっくりしたそうだ。ちょっとホッとした。

11/15

　昨日はアンサンブル発表会。保護者に来てもらい、各パートのアンサンブル21団体を聞いてもらった。練習は約１週間。どうなるか心配したが何より演出や衣装など生徒のアイデアがあり楽しく盛り上がった。

アンサンブル発表会！

　こんな演出があるのかとびっくりするような団体が多くあり、保護者も満足そうだった。

　約２年ぶりに行ったアンサンブル発表会は、良い思い出とともにレベルアップとたくさんの新しい発見と学びがあった。このメンバーはこんな音色でこんな音楽を演奏するんだという発見、また技術的に厳しいメンバーもなんとかカバーして演奏している姿が微笑ましかった。やって良かったとしみじみ感じたアンサンブル発表会だった。

11/16

　昨年のＯＧが来た。しかも広島３人、鹿児島１人、宮崎１人だ。みんな懐かしいと言ってくれた。昨年のことが思い出される。高校生といえども人間だ、いろいろ悩み苦しみそして頑張るわけなので大変な生活だ。しかし我々は良い音楽を作るしかないのだ。長崎に来て６年目。今年が最後の年だ。来月最後の定期演奏会がある。今年のテーマは「集大成」である。

　何が集大成か，音楽演奏と活動である。いろいろ悩むのが楽しい。

　昨日は海外向けバンド指導者のための動画作成だ。一応やるべきことを書いたが、実際に指導しないと時間がわからない状態だったが、とにかくやる

しかなかった。まず基本奏法としてのアンブシュアチェック、個人チューニング、合奏練習は、ユニゾンのスケール練習、バランス練習、ハーモニー練習、リズム練習、アーティキュレーション、そして初見合奏での練習法などをやった。その中で、中国で今流行っている吹奏楽曲４曲のなかから１曲を取り出して初見合奏をした。中国っぽい曲だが、なんと日本人の「高橋宏樹」さんの曲でした。

　バンドは初見ながら約20分で仕上げたのは立派。みんな良く頑張った！

11/17　　　定期演奏会での１部と２部の練習しかしていないので３部の曲をする。丁寧にクリーニングする。やればどんどんサウンドがクリアーになっていくのが良い。昨日の「歌劇『ローエングリン』第２幕～エルザの大聖堂への行列」（以下「エルザ」）の練習を少し行う。このような曲こそ大事にしなければならないと感じる。

　ゆっくりしたレガートの曲。E♭からEへの転調が難しい。あとメロディーの音域が高くピッチが合わないが、少しずつ練習するごとに良くなっていく。最後にアンサンブルコンクールの練習だ。今回から初めての練習開始だ。

11/18　　　「エルザ」の練習は３日目になる。この曲は、やっていてやはり楽しい。やればやるほど色々なことがわかり、そして魅力がある。かなりゆっくりした曲ではあるが、この曲の持っている雰囲気、そして何と言ってもメロディーや和声が良い。冒頭の管楽器の見事なオーケストレーションも素敵だ。第一テーマも素晴らしいとしか言いようがない。対旋律もすごいとしか言いようがない。

　やっとアンサンブルの練習に入った。これは時間がかかると思ったが、やりがいもあるし、この「金管八重奏曲」（作曲・高 昌帥）が良い曲であることが、改めてわかった。金管８重奏、楽しい！

11/19　　　大学の朝練習に行く。実は初めてのことだ。さあ、始めると指揮台にはスコアもチューニングオルガンもなし、また今日は何をするかも誰も知らない。何が言いたいかというと、彼らは与えられたことしかやらな

いようになっていたのだ。練習すると流石に上手いのだが、実は楽しんでいない。練習するための準備や練習の仕方を教えることにした。作曲家、作品、楽譜の読み方、和音の捉え方、オーケストレーションなどだ。言いたいことは、自立と自主性、積極性、それにコミュニケーションだ。なぜこのような大学生がいるのだろうか、一体学校は何を教えてきたのだろうかと思う。とともにやりがいを感じる。

　高校生の練習はアンサンブルの２回目だ。メンバーはとても上手い。どんどん上手くなっていく。合奏は「マンボno. 5」だ。

　YouTubeにシエナ・ウインド・オーケストラのちょうど良い動画があった。これを見せて練習になった。教えることも大事だが、まずイメージだ。どんな音楽か、どんな演奏なのかがわからないのは練習がスムーズにいかないのだ。

　練習はもちろん大事だが、センスを磨くためにはたくさん聞くことだ。コンサートやYouTubeを鑑賞することは練習以上に大切と思う。

- -

11/20
１・２年生の「アルヴァマー序曲」に取り組んだ。この曲を最高レベルに引き上げたい。それには基礎力アップしかない。もう譜読みはできているのであとはサウンド作りだ。そして表現力のアップだ。

　アンサンブルの指導。なかなか本気にならないが、やるしかない。

- -

11/21
昨日は朝練習だけだ。合奏の録音とアンサンブルの録音を聞く。伸びやかな音色が聞こえた。しかし精緻な演奏とは言い難いアンサンブルだ。すかさずコメントを乗せた。

　最近の目標はまず豊かな響きの音色だ。管楽器は音色こそ魅力であるからだ。しかしこれがなかなか難しい。

　忍耐力のいるトレーニングと音色のイメージがないとできないからだ。あと集中力。音色といってもそこにはビート感やタイミング、音量や音程、音形、発音や音の処理など色々なことが必要であるし、そこにはアンサンブルとして合わせないといけないからだ。安定するまでには相当の時間が必要である。「建設は死闘なり、破壊は一瞬」と言うが、まさにその通りである。ちょっとでも気を抜こうものならすぐに崩れ去るのである。

11/22 明らかに以前より練習の効率は良くなっている。また中身も充実しているので前より良い演奏ができなくてはならないのだが、練習時間がないなかやらなくてはならない。定期演奏会のプログラムもようやくできてきた。そろそろエンジンかけなくては！

11/23 テスト前なので朝練習だけだ。先日新しい選曲を友人と話した。なので、今日の練習はまず「祝典序曲」から始まった。やはりショスタコービッチは素晴らしい。楽しい！

　そのあと怒涛のようにアンサンブルを10分見る。ほとんどメンバーが来ていた。明日も頑張ろうっと。

11/24 今朝は予定されていた大学の朝練習だ。2回目となる。交通状態が悪く少し遅れて到着したが練習はスイスイいった。しかも前回は指揮台もオルガンも用意されてなかったのに今回は完璧だ。しかしメンバーはかなり入れ替わっている。一体どうなっているのやら。

　途中でこの卓球室を使用する先生が入ってきた。挨拶をするが返答なし。なんか怪しい感じだ。そこで言われたことは40分には授業の用意がありますので完全退出してくださいとのお言葉。準備に10分かかりますとのこと。そうなんだと反省。

11/25 大学の朝練、今日はかなりの人数が揃った。全然サウンドが違う。ただ何しろ時間がない。たったの30分である。曲目は「パイレーツオブカリビアン」と「ウエスト・サイド・ストーリー」だ。初めての参加のメンバーもかなりいる。これは大変だ。しかしやらないよりはやったほうがはるかに良い。

大学の朝練習

　ここで思ったことは、事前にどんな曲であるか1回だけでも把握しておけ

ば、合奏が全然違うということだ。まず、拍子、テンポ、音楽用語、作品について、作曲者についてなどを確認するだけでも全然違うはずだ。そして自分の楽譜が全体の中でどうなっているのか、全体像を聞いておけば良いだけのことだ。もちろん楽譜はきちんと練習していることが大事だ。そうすれば１回あるいは２回だけの合奏でできるはずである。そうするとプロみたいだが、それで時間の短縮になるし、個人の勉強にもなるはずである。ただめちゃくちゃ難しい曲の場合はスコアで勉強するか努力するしかないのだ。

　高校はテスト前なので本日も朝練だ。２日間休日だったので今日はどうなるかちょっと心配だったが、そんなことおかまいなしにガンガンやった。まず７時ジャストから「祝典序曲」だ。ウォーミングアップも基礎練もなし。まだ２回目の合奏だが、最後まで無理やり通した。臨時記号は間違えているし、まともに演奏できない。何しろ音が響かないがそんなことお構いなくとにかく通すのだ。だが久しぶりのクラシックの大作曲家の曲はやはり楽しい。曲の持つエネルギーがあり、やっていて楽しいのである。メンバーも全然演奏できないながらも、曲の良さを感じているようだ。それで良いのだ。

11/26　　大学の今夜の練習は、夜８時からの３０分間できることになった。だが、行ってみると私の練習時間は残念ながらあまりなかった。今回のミッションの「楽しく動画制作」のための合奏をした。大学生は流石に上手いが練習の空気が良くない。自分たち一人ひとりの意欲やアイデアがなく、そして何と言っても表現しようとする積極的なムードがない。つまり笑顔のない練習なのだ。サウンドの積み上げがバンドの練習には大事だが、その前に音楽する喜びと一人ひとりの表現する気持ちができていないのだ。だがやるしかない！　みんな頑張ろう！

　高校はテスト！　受けるのは自分のため。時間とチャンスを大事に頑張ってほしい。テストの成績が良いと学校やその他のところから認められることになるし、自分の進路のチャンスになるからだ。このことは前向きになることと考えを変えるだけで、やる気が変わるのではなかろうか。勉強ができない自分がいうことではない気がするが。

　アンサンブルのメンバーにテスト期間中の個人練習計画を出してもらった。

みんな真剣に向き合っていることがわかった。

11/27 高校のテストが始まった。頑張るように励ましの言葉しかない。あとアンサンブルの人たちには練習計画の提出を促した。アンサンブルはホールでの練習があるのでその予定を決めなくてはならない。

やっとのことで全員の日記を読んだ。この日記には色々なことが書いてある。文章はその人を表す。精神状況や自分のことの振り返りと自分を見つめることに他ならない。これが実は精神状態が安定することにつながるようだ。なかには私に対し優しい言葉がありほっとすることもあるし、逆に厳しい言葉で反省することもある。いずれにしても自分で考え書くことはとても良いといつも思う。

大学は、ついに動画収録の日が来た。三好さんが2曲担当した。「トランペット吹きの休日」とベートーヴェンだ。それ以外にも結構たくさんの曲の収録をした。そこでプログラムしてみると何か落ち着きがない。そこでなんと「風笛」を提案することになった。本番というのに初見の曲である。コンサートは一つのストーリーだ。起承転結があり緩急がなければならない。

料理のコースと思えば良い。いくら美味くてもステーキばかりではいけない、前菜もデザートもなければ。

そんなわけで突然「風笛」の提案である。バンドの中でも名手のオーボエ奏者に聞いたところ大丈夫だと言う。だがソロである。かなりのハイトーンがある曲だがよく頑張った。この曲は長崎出身、大島ミチルの作曲だ。

本番収録はスムーズにいった。編集が楽しみだ。

11/29 テスト期間中なので、バンドを見学することにした。お金も時間もかかるが、行く意味はあると思っての行動だ。

目から鱗とはこのことだ。本当に良かった。勉強になったというより反省しかないぐらい、自分の勉強不足を恥じたのだ。

僕の大好きなバンドの練習に久しぶりに行った。本当に来てよかった。何より僕をウェルカムしてくれたのだ。小学生ではあるが、ちゃんと一人前の人間である。受け答えの反応の良さ、何より誠実で素直なのが良い。なんと

１年生もいるではないか！

　ストレスのないサウンド、心を込めた音楽にまず感動だ。そして指導者の真剣で本気で向き合った指導が素晴らしい。その先生を心から信じ忍耐力と集中力を持って練習していることが素晴らしい。

　どんどんサウンドも音楽も変わっていくのだ。これは小学生とかいう問題では

子どもたちと記念撮影！

ない。ちゃんと人格のある人たちである。人としてのコミュニケーションができているのだ。練習のスピードも凄まじい。そして質問にもすぐ答える反応の良さ、しかもちゃんと考えて答えているのが良い。

　最後にアンサンブルの練習だ。これは上級生の金管アンサンブルだ。途端にレベルが上がった。先生の口調もコンクールモードである。ストレスのない素晴らしいサウンドと音楽である。もちろん暗譜だ。

　指導者の先生もなんと正座で指導しているではないか。この真剣さと想いのこもった指導が素晴らしい。来てよかったとともに、やるしかないと感じた。

・・

11/30　　長崎も九州も全国も、世の中は凄いスピードで進んでいることを実感する。テスト期間を利用して勉強に出る。他校といえどもどこも一緒だ。とにかくまず練習の雰囲気だ。そして一生懸命であること。あらゆることに気を配りそこには人があること。そして音と音楽だ。謙虚にそして創造的に。３校の練習を見学した。そこには音楽と人との関係が上手く結びつき、練習もあるべき目標に向かっていたのだ。やはり目標は大事なのだ。そして音楽も大事だが、やはり人なのだと感じた。

12/1　テスト明けの練習だ。さあ、とりあえずまずは、「祝典序曲」だ。なんとか最後まで行った。これで1部は出揃った。2部の出だしの演出はダンスと照明だ。なんとか昨日カットとつなぎを練習した。3部は新しいオープニングの曲の音出しだ。楽しい曲だが、なんか気が引き締まらない、昨年の方が良いことに決定した。これもＡマーチングのつなぎをしなくてはならない。あとは2部のクリスマスコーナーのつなぎである。

12/2　昨日の練習、朝練習がなんといつもの倍の時間があった。創立記念日で時間が変わったのだそうだ。まず昨日からやっている「祝典序曲」から練習した。各セクション毎に分けて練習し、そのあと合奏だ。かなりのスピードで仕上がって行った。

　3部のマーチングで新しい曲をやってみた。実際にやってみるとあまり良くなかった。変更して昨年にした曲をやってみるとこっちの方が良いとの結論になった。やはりやってみないとわからないのだ。やることはいっぱいある。

12/3　テスト明けの練習日。なんと休校なので1日練習だ。やるしかないと決意。まずは「祝典序曲」、やはりみんなどう演奏すれば良いのかわからないのだ。次に「コンサートバンドとジャズアンサンブルのためのラプソディ」「エルザの大聖堂への行列」と大曲が並ぶ。もうやるしかない、じゃんじゃん教える。録音はそんなに悪くない。この調子だ。メンバーも戻ってきた。定期演奏会までまっしぐらである。

12/4　大学は週一回のレッスンである。今回から高校の定期演奏会のゲスト演奏の練習だ。「フェスティバル・ヴァリエーション」だ。この曲のフーガは一番難しくかっこいい、ここから練習すると伝えて行った。ちょっと心

配だったが、なんと上手いではないか。これにはびっくりだ。フーガの部分はまず調がフレーズごとに変化し、各楽器のソリの部分や対旋律もすこぶる難しいところである。それにも関わらず良かった。次回のことを告げ、気分良く練習が終わった。途中に作戦「アイス」を行ったら嬉しそうに食べていたのが印象的だった。

　昨日の高校の練習は、アンサンブルのホール練習のために高 昌帥（コウ チャンス）の「金管八重奏曲」から。この曲は、結構ハードである。つまり体力がいる曲なのだ。高校としては初めての金管アンサンブルだ。4回位のレッスン、かなり上達したが、今回は少し頑張ってみようと思う。吹奏楽連盟としてはコロナ禍のなかでの初めてのコンクール開催だからだ。バンドは久しぶりに「ルイ・ブルジョワの讃歌による変奏曲」を録音した。やはり定期演奏会が近付いてきたので、みんなからもかなりやる気が感じられる。

12/5　昨日はアンサンブルのホール練習だ。久しぶりのホール練習でどうなるかなと期待しながらの練習だ。まず演奏者の場所を変えただけでブレンド感が愕然とするほど変わることが判明。次に楽器のベルの位置を変えただけで音色が変わるではないか。まさに目から鱗状態である。もっとびっくりしたことがあ

アンサンブルステージ

る。このホールの特性で、細かな音符が聞こえ辛いのだ。少しテンポを落としてみる。なんとクリアーに聞こえるのだ。ホールはまさに楽器であり、このホールの特性を理解するかしないかで、こんなに変わるとはびっくりだ。

　今回録音機材や、オルガンや譜面台の運搬に保護者の方に車を出していただき、本当に助かった。ありがたいことだ。

12/6　長崎オンライン文化祭の発表があった。器楽部門で最優秀賞だ。正直嬉しい。メンバーにとって自信になるし、プロフィールとして紹介できるし、長崎での活動にも影響があるかもしれない。良かった。

定期演奏会のチラシができた。今月24日が演奏会である。私にとっては最後の定期演奏会である。条件が厳しいのが難しいところであるが、しょうがない。音楽の楽しさと喜び、そして感動を伝えたい。毎日の練習のクオリティーを上げることと演出や構成などの調整をしながら、じゃんじゃんやるのだ。メンバーにとって最高の時間にしたい。何より観客だ。どうしたら良いか、観客目線で考え実行するのみである。

　昨日の朝の部活動は、最初にアンサンブルのメンバーが練習した。毎日どんどん上手くなっていくのが嬉しい。しかし用心しなくてはならない。金管楽器の場合、唇が疲労のために柔軟性がなくなる可能性があるのだ。休むのも技術のうちである。メンバーは1年生から3年生までいる。少ない8名のメンバーたちではあるが、そこには人間関係がある。とくに1年生はどうしても気持ちが上級生のようにはならないのだ。みんなが、とくに1年生が伸び伸びするためには、先輩たちの思いやりやケアが必要だ。みんな頑張れ！

　全体はマーチングのドリル作りだ。3部の最後の曲、ベートーヴェンだ。本校のために作曲家が渾身の技術で作った、素晴らしい曲である。ドリルは本校の卒業生が書いてくれた。本日も指導に来てくれたメンバーだ。外部講師ではないが素晴らしいセンスと人間的にも尊敬できるメンバーである。ありがたいことだ。

　後半は1部の曲、ショスタコービッチの「祝典序曲」と「エルザの大聖堂への行列」だ。吹奏楽の世界では最も人気のある曲の一つである。この曲はワクワクドキドキした演奏にしたい。やることは色々ある。練習だけでなく作品のこと、作曲家のことを知り、また他の団体の演奏も聞かなければならない。しかし名曲は楽しい。やればやるほど味があるし、色々なことがわかってくる。しかもレベルが高い曲である。トレーニングする時間が必要だ。やるしかないのだ！

12/7 部活動も佳境になりみんな疲れているように感じ、お菓子パーティーをやった。昼休みのちょっとした時間だ。学年ごとにやった。色々なお菓子を持ち寄るのだが、やはり個性豊かなものと、定番のものがあるようだ。

マーチングのコンテ作り！

　日曜日なので朝からマーチングのコンテ作りだ。定期演奏会の第3部のマーチング。なんと1日ですべてのマーチングを作成することができた。卒業生のKさんがすべて担当してくれた。指導も上手いがセンスも良く、しかも根性がある。スーパー指導者だ。

　私はアンサンブルと演奏会のソロパートをすべてレッスンした。残り時間は打楽器の「マンボno.5」のレッスンだ。自分は打楽器の専門家ではないが、丁寧にアンサンブルを作っていった。小物でも揃うと気持ちが良い。

　アンサンブルはなかなかやりがいがある。全体からだんだんと細かい練習に入る計画だ。やればやるほど色々なところのクリーニングが見えてくるから楽しい。しかし金管楽器だ。やりすぎると唇がバテるから要注意だ。

　まずは音色とアンサンブルをきちんとしなければならない。

　2部の曲をそろそろ考えなければならない。なにしろ定番のミュージカルが今回はできないのだ。それに変わるメインのものを作らなければならない。いつも考えるのは楽しく感動的にすることだ。そしてメンバーが自分の気持ちから演奏しなければ意味がないのだ。すると色々な曲を演奏したなかから選曲することになる。だから結構、時間も労力も必要なのだ。

12/8 定期演奏会の打ち合わせにホールに行った。やはりコロナ対策があり、合唱をする場合には2メートル開けるようにとのことだ。観客の連絡先も記入しなくてはならない。

　この打ち合わせがあったため、1時間しか練習ができなかった。しかし2部のヒットの録音が出来て良かった。コンサートでのこの部分はお楽しみコー

ナーである。子どもからお年寄りまで、みんなが知っている曲でなければならない。しかし面白くない。どうしようか。

　アンサンブルもどんどん上手くなるが、まだまだ表現力において力不足だ。

・・・・・・・・・・・・・・・・・・・・・・・・・・・・・・・・・・・・・・

12/9　定期演奏会のプログラムである「コンサートバンドとジャズアンサンブルのためのラプソディ」 を久しぶりに合奏してみた。ネスティコによる有名なアレンジの曲である。コンサートの部分とジャズの部分があったり一緒の部分があったりする、意欲的な作品である。もの凄くやりがいのある曲だ。この曲のアドリブ部分にプロ奏者である庵原氏が本校のためにサックス５重奏を書いてくれた。素晴らしいアレンジだ。流石である。

　アンサンブルは作曲家であるK氏に録音を送ってみたら、沢山のアドバイスを返してくれた。よくこんなところまで、という素晴らしい内容である。そしてお忙しいなかこんなにしてくれ、ありがたかった。

　２部のヒットの部分を練習してみた。この部分は子どもからお年寄りの方まで楽しむことができるエンターティメントの世界である。この選曲が難しい。まだ時間がある。いろいろ試したい。

・・・・・・・・・・・・・・・・・・・・・・・・・・・・・・・・・・・・・・

12/10　今日の練習は寮でのクリスマス礼拝のため、夕方５時30分にはかなりのメンバーがいなくなる。そこでメインの３曲をまずやってみた。「ルイブル」「エルザ」「祝典序曲」だ。最近よくやっているので、かなり向上していて安心した。次はメンバーがかなりいなくなったので２部のヒットの曲を練習した。最後にこれもメンバーが半分いないアンサンブルである。ただメンバーがいなくてもやれることは多いことがわかった。

　最近は疲れているのかバンドに笑顔がなくなっているように感じる。そこでY先生に教えてもらった「人工衛星」なるゲームをしたのと、コミュニケーションとして「いや～それほどでも」という受け答えもやってみた。指導者の私が「あなた上手くなったね～」と言うとすかさず、「いや～それほどでも」とパフォーマンスを入れ、受け答えをするというどうでもいいことなのだが、雰囲気の良い生徒がいるとみんな大爆笑だ。こんな些細なことが意外と大事な気がする。

12/11　旧友のコントラバス奏者が本番前の時間があり、少しだけ教えに来てくれた。やはり音色と音楽が違う。凄い方だ。本物の音を聞かせることが子供たちにとっては一番の勉強だ。

　とりあえず「祝典序曲」「エルザ」「ルイブル」をバンドと一緒に彼に演奏してもらった。「ルイブル」が一番練習していたはずであるが、久しぶりなのでミスが多かった。定期的に練習しなければならないと感じた。そして「エルザ」の木管分奏をした。高い音が多いのでピッチがなかなか合わないが、かなりクリーニングできた。大学もあるので練習は１時間ぐらいしかできなかった。アンサンブルは自分たちでの練習だ。録音を聞くとなかなか良い。今後さらにクオリティーを上げることと場面の色彩感だ。今朝は新しい楽譜、前田憲男編曲の「くるみ割り人形」が来て、初見演奏をする。スイング調でかっこいい。

　大学は今週から練習時間が増えた。私の練習は週一回しかないが、昨日は効率的で良い練習時間だった。久しぶりにマーチ「オン・ザ・モール」。日本語訳は「木陰の散歩道」で、親しめる内容だ。この曲は前奏から和音が洒落ている。丁寧に和音を積み上げるとかっこいいのだ。第１テーマ、第２テーマ、トリオ、ブリッジ、グランディオーソと練習した。マーチはユニゾンがあり難しいのだが、すごくいい。そして今回のメインはやはり「フェスティバル・ヴァリエーション」だ。みんな良く練習しているので合奏がスムースにいった。特にフーガのところはかなりレベルが高くまたバランスを取るのが難しいのであるが、これもクリアーした。あっという間に時間が過ぎた。良い時間が取れた。あとは自信と表現力である。

12/12　定期演奏会が近づいてきた。色々なことが問題になってきた。やはり吹奏楽は人も多いし、やることもたくさんある。問題があるのは当然だ。しかしやるしかない。粛々と頑張るしかないのだ。

　まだ選曲ができていない。昨日は注文していた楽譜が二つ来た。初見でやったが、一つは使えなかった。だが選曲ももう少しだ。もうかなり出揃った感じ。今後は仕上げに掛らなくてはならない。

最後に課題曲4「エール・マーチ」を合奏した。本来なら今年のコンクールの曲である。ちょっとやっただけでだいぶ良くなった。

アンサンブルは都合2回しかできなかったが、2回目は1回目よりはるかに良い。まだ技術が安定していないということ、時間がなくてはならない。

12/13 さあ、あと定期演奏会まで10日あまりになった。決断の時も来たように思う。

練習時間がある、約4時間だ。まず1部のクラシックの練習だ。「祝典序曲」、かなり良くなってきた。最初はどうしようかなと悩み、曲目を変更しようかと思ったほどだが、こんなに良くなるとは驚くばかりだ。次は「エルザ」。本日のクリーニングが功を奏し、濁りがかなり消えた。最後に「エール・マーチ」と「ルイブル」だ。課題曲を合奏練習したおかげで、劇的に良くなった。

次に2部の練習。最初は「ディズニースペシャルメドレー」だ。「アナと雪の女王2」と「ムーラン」、「シンデレラ」のメドレーだ。女子校らしい選曲と演出だ。二曲目は「あの日聞いた歌」だ。これをしみじみと演奏したい。カットをやりくりして決めた約5分になった。やった！　カットは大変難しい作業だからだ。ここまでかなり時間を要したが、結果はすこぶる良い。

次はマーチングだ。暗くなる前に動きの練習をしなくてはならない。

最後にアンサンブル。セクションでの練習により、かなり前進し、安定感が増した。

12/14 昨日は午前中が学校、午後は外部の体育館だ。体育館ではマーチングを主に練習。残念ながら動きが全く安定していないのには閉口した。やってきたはずなのに。まずはそこからである。粛々とやるしかない。卒業生のKさんとTさんが来てくれた。本当にありがたい。マーチングはミュージックスポーツだ。体に染み込ませなくてはならない。まだまだ染み込むまでにはなっていないのだ。トレーニング不足である。

12/15 授業が短縮になり、かなり練習できたが、カットやつなぎの練習ばかりなのでトレーニングとは違い上手くはなっていないのが残念だ。

しかしこれはしょうがない。なんとかつなぐことができた。２部は今までしなかった新しい構成に挑戦することになった。なんと２部の最後を大きな曲で締めることになったのだ。親友のＨ氏の提案である。やってみようと思った。

　今回は人気１位のミュージカルができないのだ。音楽で勝負するしかない。

　最後にアンサンブルの練習だ。今回も新しい練習を取り入れたところ、上手くいった。ずいぶん技術的なことが良くなったので、次は音楽表現の追求だ。

12/16　昨日は生徒だけによるアワータイム、ちょっと休みが多い。やはり季節柄急に寒くなったためだろうか。録音を聞いてみるとなかなか良い。ちゃんと自分たちでクリーニングしていることがわかった。アンサンブルもメンバーが少なかったが安定した演奏を聞くことができた。あと一週間だ。体調を維持し頑張ってほしい。まだまだやることはたくさんある。

12/17　今回もアワータイム、メンバー同士での練習だ。録画が送られてきた。よく練習している。突然学校から定期演奏会は無観客で行うという話があった。コロナで感染はさらに広がっているからだ。人に聞かせられない本番は、まるでレコーディングだ。観客の反応がない本番だ。それでもホールでできないよりははるかに良いのだが。

12/18　２日ぶりに練習である。きちんとした練習計画があるわけではないが、とにかく最初のプログラムからスタートである。

　体調を崩しているメンバーもいるが、来ているメンバーは良い感じの仕上がり方である。そうはいっても、やはり自信がないので家で録音を聞いてみると良くなっていた。ほっとひと安心である。

　あと少し、これからが正念場である。全体を俯瞰しながら細部を詰めなければならない。

　１週間ぶりに大学の練習に行った。前回はびっくりするほど上手くなっていたので本日はどう料理するか悩んでいたが、やるしかない。丁寧に最初から練習していった。それぞれが大分上手くなると、やはり曲の理解がどうしても関係してくる。個人からパート、そして他のところがどんな演奏をして

くるかで、演奏が変わってくる。特に休符の後に演奏する場合はその休符が持つ緊張感やそのものの音楽もあるので、休符の後の音色が大事になる。そして楽譜の理解だ。なんとなく見るのでなく、音楽記号や細部のハーモニーを理解することで演奏は変わってくる。最後にマーチを演奏したが、あまり技術が落ちていないので一安心だ。次回が楽しみだ。

12/19 昨日はチューバの古本氏が来た。やはり本物の音だ。すぐ生徒の音が変わった。古本さんはいつも楽しいし元気である。常にポジティブ、そして名プレイヤーだ。こんな方が国内におられる。新しい指導法も習った。凄いアイデア！ 楽しい方と一緒だとこちらも楽しくなる。

　練習は、2部を中心に。昨日気になっていた「エルザ」のメロディーセクションをクリーニング。ホルンの伴奏のハーモニーのクリーニング。思った通り、ハーモニーが濁っていた。2部の「ディズニースペシャルメドレー」、「あの日聞いた歌」、「クリスマススペシャルメドレー」、「コンサートバンドとジャズアンサンブルのためのラプソディー」、「祝典序曲」を練習。あと5日。やることは色々あるが最優先なことを一番にするのが大事だ。

12/20 近くの体育館で練習だ。寒いがやるしかない。最初の行動もいつもよりぬるい。なんとコーチの樋口氏が9時には来ているではないか。始発で来たそうだ。その心意気が嬉しい。で、マーチングの練習であったが、急遽、2部からの練習になった。

　まだ振り付けができていないところからじゃんじゃん始めた。少しすると打楽器の小島氏が来てくれて、2部の「ウィウィッシュ」の打楽器のソロを考えてくれた。なんとか2部を録画することに成功。これをホールの方にLINEで送ることが出来てホッとした。そしてチューバの巨匠が昨日から来ていたが、今日も参戦してくれた。2部の最後はリプライズすることを教えてくれた。なんと練習後も一人ひとりのレッスンをやってくれた。すごい方で尊敬する先生だ。何と言っても明るく笑顔なのがいい！

12/21　さあ、何から練習をするか。　なんとなく「あの日聞いた歌」をやってみようと合奏した。思った通り、やればやるほど良くなった。真島氏の編曲だ。流石である。当然だが、良い音がするし、感動する一品だ。１時間もかかったが、それだけの価値のある作品だ。

　次にアンサンブル。これはかなりの安定感が出てきた。第２段階であり、まだまだ部分練習としてのトレーニングが必要だ。

　ゲストの小学校の先生が来られたので２部を順番に演奏した。ディズニーメドレー、クリスマスメドレー、とても良いとの感想、ありがたかった。続いて３部のマーチングまで聞いていただいた。普通ならだんだん疲れてクオリティーが下がるのだが、逆にだんだん良くなっていくのが嬉しい。

12/22　さあ、あと３日。やれることはなんなのか。やっていないところを確認し練習する。練習の仕方は色々だが、自分の場合は、まず全体から練習し、だんだん細かくするやり方だ。そのことでメンバーのやる気が出ることと、楽しいからだ。普通は譜読みとかまず技術からスタートするが、これだと機械的になって面白くないのだ。

　コンサートになると原曲が歌の曲がある。こんな場合はまず歌の歌詞を読み、イメージを膨らませる。そしてフレーズを歌詞のイントネーションに合わせる。

　「エルザ」、これはなかなかスッキリしない。メロディーの音域と調性のためか濁りがある。しかもゆっくりの曲でフレーズ感も難しい。

12/23　大学は「フェスティバル・ヴァリエーション」と「オン・ザ・モール」の練習。定期演奏会前の最後の練習だ。この難曲をかなりの精度で演奏している。約１時間10分の練習だったが、かなり集中力のある練習ができた。金管がやはり良い。冒頭のホルンのソリ、後半のホルンのハイＦも見事に当てていた。最も難しいフーガのところもかなりの精度で演奏しているのに驚く。

　「オン・ザ・モール」は約10分の練習だが、最初とはガラッと変わった。

反応は早く、すぐ対応してくれるフレキシビリティーも良い。マーチらしい軽快な音楽に近付いた。

　高校では、やはり「エルザ」が気になって練習をした。ポイントは表現の豊かさだ。レガート奏法の徹底と抑揚の付け方だ。約１時間の練習だが、かなり変わったことを実感した。録音を聞くと、前回に比べかなり質が上がった演奏になった。次はマーチングの練習だ。狭い音楽室ではあるが、トラッキングでサウンドのクリーニングを行った。これもかなりの向上が見られた。Ａマーチング、Ｂマーチングから練習した。マーチングパーカッションを見たが、これが良くない。特にバッテリーは無残な演奏の質だ。パート練習の徹底をするように話した。やはり練習の結果が出てかなり良くなった。最後は２部の練習だ。着替えの練習と衣装の確認だ。華やかな衣装は見た目がかなり変わってくるのだ。「クリスマススペシャルメドレー」のカットと確認を練習した。「ウィウィッシュ」のパートソリの位置が悪い、入れ替えが必要と感じた。

　ブリックホールにホール打ち合わせに行く。変更点の確認だ。ひな壇の調整、プログラムの変更などだ。

　大変親切で協力的なことが嬉しい。ありがたいことだ。

- -

12/24　　昨日は体育館での総合練習だった。一応全部の曲をなんとか通すことができて、ホッとした。しかしここは昼間でも15℃と寒い。だがこの悪条件でもみんな頑張った。マーチングではＯＧのＫさん、Ｔさんが来てくれた。そしてスタッフのＫＯ先生、ＨＩ先生が来た。この先生方が素晴らしい。ただ教えるだけではないのだ。ちゃんと全体のことも指導者のこともメンバーのこともわかっているからだ。指導も的確で無駄がない、それでいて温かいのだ。こういう指導者がいてくれバンドは成り立つのだ。

　そして保護者も来てくれた。本当にありがたい。

● ● ● ●

　さあついに本番、第６回定期演奏会当日になった。今日はこの６年間の全てを出すつもりだ。しかも今日でこのメンバーの指導は最後になる。選曲も考えに考え作ったプログラムだ。マーチングはＳ先生が僕とバンドのために

書いてくれたスペシャルな楽譜、思い入れ深い最高の曲を作ってくれた。

大学金管アンサンブル

高校金管アンサンブル（高 昌帥）

第1部は

「祝典序曲」「エルザの大聖堂への行列」「エール・マーチ」「ルイ・ブルジョワの讃歌による変奏曲」次に大学では「オン・ザ・モール」「フェスティバル・ヴァリエーション」

第2部は

「ディズニースペシャルメドレー」「あの日聞いた歌」「クリスマススペシャルメドレー」「ヒット」「コンサートバンドとジャズアンサンブルのためのラプソディー」

第3部は

Aマーチング（「国民の象徴」「ラ・ラ・ランド」「トゥナイト」）

カラーガードショー

パーカッションショー

Bマーチング（「ベートーヴェンよ永遠なれ」）

ラストショー

　さあ、今日のポイントはちょっと丁寧にやることだ。ホールではいつもより音が反響するからだ。残念なことに観客が70名と限定の人数だ。ただ、良い方々が来られることはありがたい。

　前の学校でもそうだったが、最後の演奏会でもやることは変わらない。いつも通りやるしかない。ホールと観客を味方にしなければならない。

12/25　　昨日は今の学校の最後の定期演奏会になった。今回は色々あり本当に練習をする日々が辛かったが、メンバーは良く頑張った。

　本番は丁寧な演奏演技で実力が出た、良い本番だった。

　無観客の予定だったが、数日前に若干の観客が鑑賞できることになった。

　誰もいないところでの演奏会ではやはり張り合いがないので、今回少しで

も聞いてくれる人がいて嬉しかった。

　1部、2部、3部、それぞれクラシックステージ、ポップスステージ、マーチングステージの場面を捉えた演奏・演技が繰り広げられ、とくに丁寧な演奏ができたのではないだろうか。最後にふさわしい演奏会となった。

　やっと最後の演奏会が終わった。いつもは全てにおいてギリギリまで練習していたが、今回はかなり余裕を持って練習した。こんなことはいままでなかったことだ。良かったこととそうでないことを実感した。練習は嘘をつかないというが、その通りである。しかし目先のことにこだわると全体が見えなくなり、大事なことも見過ごしてしまうのだ。この加減が難しいのだ。

2021/1/29　　昨日は今年卒業する生徒から手紙が来た。全員からだ。感謝の言葉と吹奏楽活動についての思い出や想いが綴られていた。

　そこには現在活動しなくてわかったこと、いかにこの活動が良かったかということが書いてあり、嬉しかった。

　そうなのだ、活動しているその時にわからなくても、あとでじわじわとわかってくることがあるのだ。

　また一緒に演奏したいとか、音楽を続けたいなどともあった。

　いつか成長したメンバーに会うことを楽しみに頑張ろう。

　音楽の魅力は様々だが、間違いなく沢山の出会いがあり、そこには思い出や感動があるのだ。

　音楽の魅力に気づいた人は、もうそれだけで音楽仲間である。

　音楽の感動を共有する人たちは、ほとんどが無邪気で楽しくそして優しい人だと感じる。

第 2 楽章

藤重流指導・秘伝の書

この章では指導者にとって幾らか
参考になるであろうことを述べた。
実際の現場での指導の仕方や知識
など必要だと思ったことを書いた。
そのなかには、もちろん地域差や
経験の差があるのだが、自分の指
導歴みたいなものになったようだ。
参考になったらありがたい。

🎵1 はじめに〜吹奏楽に大事なこと

　吹奏楽の活動は多岐にわたるが、大事なことがある。それは活動の目的と理念である。

　良いバンドとはもちろん良い音楽ができることであるが、その前に人として育たなければならない。

　人とは人間性である。あるいは人格だ。これがなければバンドは心のない演奏になってしまうし、活動も心のないものになる。

　何より音楽は心を表現するものだから、音楽以外でもこのことは必要になる。

　心があり、技術に進むことが肝要だ。「こうしなさい」でなく、自分で考え、人間性と音楽性を作らなくてはならない。

　集団として気持ちよく活動するためにも、まず楽しくなくてはならない。

　そしてコミュニケーションの技術だ。

　楽器を演奏するには知識と技術がなくてはならないが、それには誰かに教えを請わなくてはならない。そこに人間関係が始まる。「感謝と素直」で接しなければならない。

　あるメンバーが教える、出来るようになる、嬉しい、そして褒める。教えてもらったメンバーも感謝する。あるいはなかなか出来ないメンバーも出てくる。そこではいろいろ試してみることと、教えるメンバーも教えられるメンバーも、ぐっと我慢して頑張る精神力が必要になる。そして出来た時の喜びが成長となり、頑張る力が生まれてくるのだ。

　あとは色々なメンバーの個性と特徴が活かされるような活動が必要だ。

　どんなことでも良いので、バンドの中に居場所がなくてはならない。

　コーヒーを作ることでも、トラックの搬入搬出でも、それぞれに見合う性格が必要だ。

　体を動かすことが得意な人、座学が好きな人と色々いる。その個性を見極め、居場所を作ることだ。そこに人事が必要になる。

そしてバンドに居場所ができると、そこには信頼と情熱が生まれる。

そこからの成長は凄まじいということを、今まで経験してきた。

♭2 指導者として〜吹奏楽の運営と指導のために

1. 吹奏楽を運営するために必要なもの

スクールバンドでなくとも、吹奏楽を運営するためにはディレクター、マネージャー、ライブラリアンといったスタッフが必要だ。

まずディレクターは、バンドを正しく運営するための基本を学ばなければならない。

最近は、現状の吹奏楽の運営や指導に対する書籍が見当たらないので、新しい先生はどうして勉強することができるのだろうか、心配だ。

なんとなく伝統や習慣で運営してしまうと、事故があったり問題が出やすくなったりするものだ。

練習を開始するためにどのような準備をしなくてはならないかを述べたい。

2. 練習場の確保

吹奏楽を行うためには、まず指導者、スタッフ、メンバー、楽器、練習場、練習時間、マニュアル、手引書などが必要であろう。

その中でまず大切なのは、練習場の確保だ。

このことが後々の練習効果や練習の効率にも影響を与えることになるので、大事である。アメリカには音楽室のマニュアルが沢山あるという。

反響や吸音を考えた練習場が必要であり、音楽室もいわば楽器と同じだと考えることが必要だ。

合奏をするときにバランスやアンサンブル、響きが自然な音になるように聞こえることが、練習の効率化にも影響する。

まず、天井が高いことが重要だ。最終的に音楽会はホールで行うので、同

じような響きがある方が良い。ただ風呂場みたいに響きすぎるとアンサンブルがやりにくいので、残響がありすぎないようにしなければならない。逆にまったく響かないところだと良さそうだが、メンバーも指揮者も演奏していて楽しくないことになる。

　学校の中でどこか適している場所がないか、探してみてはどうだろうか。そして実際に演奏してみることが大事である。

　練習場として普通は音楽室を使うが、音楽室は吹奏楽の練習のために作っているのではないので、やはりここはなんとかしてなくてはならない。

　響きすぎるところは吸音を考えなければならない。天井に吸音材となるようなものを設置すると良い。

3. 楽器の購入

　これに気を付けなければならないのは、楽器がそれぞれ違うからだ。同じメーカー・同じスタイルであってもそれぞれ違うから、自分に合った楽器を選ばなければならない。

　そこで基本となる選択は、まずレスポンスが良いことだ。つまり反応の良い楽器だ。次に音程である。音程が悪すぎると、いくら良い奏者でも限界がある。そして楽に音が出る楽器が良い。つまり音域やダイナミックスが楽に演奏できる楽器だ。

　日本の女子においては体格や手が小さかったりするので、自分の身体に合う楽器でないと疲れることになってしまう。

　そして何と言っても、楽器の音色だ。倍音がよく鳴り、どの音も均等に響く楽器だ。

　最後に寿命の長いしっかりした楽器だ。1年経つともうボロボロになる楽器では、どうしようもない。耐久性がなければならないのだ。

4. 各楽器の正しい奏法

　管楽器や打楽器の初心者はどうしても早く音を出したくなるので、特に気

をつけなくてはならないことが「正しい奏法」である。

　管楽器においては姿勢と「アンブシュア」が大事になる。そこで「手鏡」があると便利だ。「アンブシュア」は、マウスピースの当て方と口の周りの筋肉の使い方だ。これが正しくないと、音域やダイナミックスのコントロールがうまくいかない。

　音が出しやすいからといって間違った当て方や吹き方をすると、本来の正しい位置や口の周りの口輪筋の正しい使い方ができなくなる恐れがあるのだ。

　たとえば吹奏楽曲でクラウド・スミスの「フェステバル・ヴァリエーション」のホルンのソリは超高音から超低音まで縦横無尽な音符になっているので、音域が狭い奏法では全く歯が立たなくなる。だからやはり正しい奏法が必要になってくるのだ。

　ただ正しい奏法といっても、個人で歯並びや骨格・唇の厚さなど違うので、それぞれの個性に合った奏法がある。

　いずれにしても、良い音色でフレキシブルなアンブシュアが必要である。金管楽器にはリップスラーなる練習方法があるので、ウォーミングアップでの練習は必須だ。

　他の楽器についても音を作る振動部分に一番重要なアンブシュアに対し、いいかげんにならないことが肝要である。でないと一回癖がつくと、これを矯正するのに何倍も時間がかかることになる。

5. 打楽器の指導

　打楽器の指導こそ難しい。なぜなら音を出すことは意外と容易だし、音が外れることもあまりないのだが、特徴的なこととして、すべてソロだということだ。つまり一人一役なのだ。

　そしてシンバルやバスドラムなどの音は、大きすぎるとバンドを潰す結果となったり、聞こえなかったらなんの意味もなさないことになる。

　打楽器の合奏での役割は、まず音色にあるのだ。シンバルやティンパニーの音色やダイナミックスは、バンド全体の音色にさえ影響力がある。バンド

の演奏を生かすも殺すも打楽器の影響大である。なので打楽器パートは「第2の指揮者」と呼ばれている。

さらによくトレーニングすると、見事な音色やダイナミックスのコントロールができ、他の楽器ともよくブレンドする。そのためにも、かなりの感性や経験努力こそ必要に思う。

次にタイミングだ。これは自分の楽譜だけ見ていてもダメだ。全体的にバンドの音楽を把握しなければ、無理である。指揮者の要素が必要だ。

打楽器には様々な楽器があり、おそらく一つのパートとしては一番楽器の種類も多い。しかもマレットの種類も多く、メーカーもバラバラである。

だからまず、お金がかかることになる。打楽器を購入すると、必ずメンテナンスが必要だ。バスドラムなどの皮をヘッドというが、これが実は消耗品である。1年以上になるとヘッドが疲労し、良い音がしないことがある。

このヘッドなるものは、チューニングがもっとも大事だ。太鼓の周りにあるチューニングキーを均等に張らなければ良い音がしない。そして実はこのチューニングは、毎日の気候や気温湿度により、かなり影響を受ける。もしかしたら毎日チューニングをしても良いかもしれない。そこにこの楽器のデリケートで扱いにくい面もあるが、この醍醐味をぜひ知って欲しい。なおチューニングは静かな場所でして欲しい。

6. スコアの勉強とトレーニング

スクールバンドの活動は、演奏することがメインだ。なのでほとんどの指導者が、指揮を任される。指揮とは指揮者のことであるが、スクールバンドでは少し違うことがある。トレーニングコーチを兼ねることが必要だ。

それともちろん、本来の「指揮者」であることが必要だ。そこでまず指揮者は、スコアリーディングをしなければならないのだ。なぜスコアを勉強するかというと、勉強しなければ音が聞こえないからである。

曲のこの箇所はどんなオーケストレーションでどんなハーモニーなのか、このような内容を指揮者がちゃんとスコアの中で組み立てると、練習は最高

に効率的に上手くいく。あるべき姿がちゃんと指揮者のイメージにあるからだ。

特に名曲といわれる曲は、やればやるほど新しい発見があるし、面白いのだ。

7.「やる気」の指導

よくバンドメンバーのやる気がない、という言葉を指導者が言うことがある。

これは実際その通りなのだが、実は指導者はこの「やる気」を教えるのが指導なのだ。

では、やる気はどうしたら教えることができるだろうか。これがなかなか難しい。

例えばコンクールに勝つことを目標とするなら、頑張れるかもしれない。しかし音楽そのものの楽しさや段々出来てきた時の喜び、信頼している仲間とのアンサンブルの喜びといったものこそ、本来の音楽の楽しみ方だ。

そのなかでやる気を起こさせるのに一番てっとり早いのは、指導者自身がやる気満々であることだ。そうすれば、自然とメンバーもやる気になるから不思議だ。

まず実行だ。自分の思う音楽に向かっていけば良い。

8. 編成と並び方①

　スクールバンドでは、まず編成がスコア通りになることはなかなか難しい。どこかのパートがいなかったり、逆に多かったりするのだ。そうすると当然、良い音がしない。打楽器なども、作曲家が「この部分にこの楽器が必要」と思って書いている。そこに音がないことには、全体のサウンドやバランスなども変わってくる。

　そもそも選曲の時によくスコアを見て、自分のバンドでできる編成なのか、そして技術が伴っているのかを考えることが大事だ。しかしどうしてもこの曲をやりたいと思うなら、なんとかなるとも思う。もちろん編曲の問題や著作権のことがあるのでそこをクリアしなくてはならないが。

　ただ現状では技術的に出来なくとも、ある程度の期間や練習時間さえあればなんとかなると考える。その技術と工夫こそが個人のレベルを上げたり、指導力を向上することにつながるのだ。

　あとはメンバーのレベル差があって、そのパートの音が不安定な場合はやはり良い音がしない。合奏を行う時にはまず、メンバーの技術がこの曲のレベルに合っているかの確認が重要だ。あるいは練習によってなんとかなるのであれば良い。

　このことをそのままやり過ごしていると、後々全体のサウンドの変化や音楽の表現にまで影響してくることになる。

　しかしいろいろな工夫や練習でもどうにもならない時には、「カバー」をすることによってなんとかなると思う。また、逆にカバーしたことによって原曲より面白くなったり良くなったりすることもある。

　どうするかというと、まず打楽器などは、どこかのパートのメンバーでその箇所にいなくても楽譜上問題なければ、そのメンバーを配置すれば良いと考える。

　たとえばある箇所にタンバリンがあったとしたら、あるとないとでは大違いである。なので対応可能な他のパートのメンバーに演奏してもらえば良いのだ。

　次に他の楽器で演奏する場合も考える。小編成のための吹奏楽の本には、編成がない場合に他の楽器でのカバーをどうすれば良いかが書いてあるので、参考にして欲しい。実際4和音の音があった場合、少なくとも3つの音があればその和音は成立する。しかしどうしても足りない場合は他のパートの音を持ってくれば良い。これも実際にいろいろやってみると良い。

　実際に練習に入った時には、個人のメンバーの力量は様々である。音は良いけれど音程が悪い、歌い方は良いが発音が悪い、とてもスムーズに演奏しているがフィンガリングが悪い、など様々なメンバーに対し一番適した内容の指導が必要となる。

　曲によっては要となる楽器の音色が重要な場合があるので、選曲に対し指導者はその見極めが必要である。

9. 編成と並び方②

　前項では編成のことでカバーの仕方、穴が開いたところのクリアの仕方などを述べたが、吹奏楽のサウンドは色々なバンドが個性を持って作り上げている。その中でも一番サウンドに影響があるのが、中低音と低音だろう。特に木管の低音は相当な魅力があるし、武器になる。

　チューバの発音が実ははっきりしないことが多い。それはベルがアップライトのこともあり、はっきり聞こえ辛いということがある。そこで木管の低音は、そこを補えるほどのはっきりした発音ができることが良いところだ。バリトンサックス、バスクラリネット、コントラバス、ファゴットなどだ。

　この楽器群はそれぞれ音響楽器的に違うので、サウンドのブレンドが難しいのだが、合った時の潤いのある魅力は素晴らしいものとなる。

　そして金管のチューバとこの木管の低音がブレンドすれば、バンドのサウンドが安定してくる。低音の音色と支えが他の楽器群の音程の取り方や、バランスにまで影響してくることになるのだ。

次に並び方はとても重要だ。そもそも並び方は本番の会場で調整するのがベストであるが、練習の時にはアンサンブルがしやすい並び方が一番良いと思われる。

しかし肝心の曲のオーケストレーションに関係あるので、曲によっても並び方が違ってくる。

それからたまに並び方をわざと変えてみることも練習に緊張感が出たり、改めて色々の演奏のバランスが理解できるので、効果的である。

特に打楽器は、演奏者の演奏がやりやすいだけでなく、動きやすさや見た目にも関係するようだ。

これも色々な場所を試してみることが肝要だ。特にチャイムやシンバルなどは、会場の場所によって音が変わる。あるいはバスドラムなどはヘッドの向きが大事になる。鍵盤もシロホンやグロッケンはよく聞こえるが、マリンバやビブラホンは聞こえ辛い。またこの鍵盤楽器の並び方で、アンサンブルがやりやすくなることもある。

小物も大事である。トライアングル、ウッドブロック、タンバリンなどは全体の中でキラッと光る存在である。トライアングルひとつとっても、楽器自体の大きさやスティックの大きさ、叩く場所で随分違う。特にカスタネットは、楽器の選定や叩き方で音楽やバンドがガラッと変わるから恐ろしい。

10. 並び方の意味

ここまで、色々な並び方には曲のオーケストレーションの影響とかアンサンブルしやすさがあることを述べた。

それ以外にも、自分たちのバンドの個性にも関係する。例えばウィーンフィルハーモニーのホルンパートなどは、通常の1番ホルンから並ぶところを4番ホルンから並んでいる。

あるいはアメリカのバンドのホルンは、上手の一番奥に配置している。トランペットが左から、ホルンが右から聞こえて、かなりステレオ効果があり、これはこれでかっこいいと思う。

また打楽器では一番上にティンパニーとバスドラムなどのピット楽器があり、下手に鍵盤楽器がある。これはアンサンブルがやりやすく、アインザッツも揃いやすい並び方なのだ。

実際にホール練習でいろいろ並び方を実験すると良くわかる。またホールの特性もあるので、配置は大事な練習と言える。

11. チューニングの基本的な考え方

チューニングは、管楽器が占めるバンドにはとくに必要な練習だ。スクールバンドでは初心者から経験者までいることや、音程感も様々なメンバーがいることから、なかなか音程が合わなくて、そのためにハーモニーが濁ることがある。

そもそも管楽器は楽器の特徴から音響学的にそれぞれ違うのだ。これを理解しないといけない。また個人の奏法の違いによって音程が変わってくることもある。

何と言っても大事なことは自分の耳だ。今演奏している音が合っているのか合っていないのかがわかっていないといけない。高いのか低いのかがわかれば、あとは音を変える技術があれば良い。

この技術は楽器によって違うので、奏者はこれを理解していないといけない。木管楽器ではとくに変え指を理解しないといけない。金管も変え指のことや息の加減、唇の緊張を変えることによって音程が変わるのだ。どれ位変わるかの感覚は、練習や経験によってだんだん備わっていくだろう。

12. チューニング①

ここまで、まず基本的な考え方を述べた。チューニングとは楽器の調律ではあるが、ただ音を合わせることだけではない。音程が合っても、音色が悪いとこれはあまり良いことではない。それから管楽器はある音が合っても、その前の音が高い音や低い音の影響を受けるとその音の音程が変わってしまうものなのだ。だからこのことを考え、調整しなければならない。それには

やはり自分の耳が良くないといけない。すぐ反応する耳であることが必要だ。これは音にすぐ反応するソルフェージュ能力が必要だということだ。なので、チューニングとはいうものの、そこではまず基本的な奏法ができているか、音色が良いか、オルガンの音にすぐ反応できるかというトレーニングが必要になる。

また管楽器は倍音の元になる基音を知っておかなければならない。その基音からのチューニングが良いと思う。

実際のチューニングでは木管はスケール、金管はリップスラーでやるのが効果的だ。その時に木管ではフィンガリングが重要になる。難しい指使いを用いることも大事だ。トロンボーンはポジションを1から5、1から4のように行う方が良いと思う。

指導者やリーダーは、楽器の音程を理解していることが重要だ。この音はもともと低くなるとか高くなるとか知っていると、スムーズに対処できる。

打楽器においては、やはりストロークのチェックをすべきだ。そしてゆっくりからなるべく早くストロークすることも大事だ。叩く場所、叩き方、音色を聞き分けなければならない。

このチューニングはできるだけ素早く、そして個人を育てていくようにすることが大事だ。だんだんできていくようになるものだからだ。

13. チューニング②

スクールバンドでは、指導者はなかなか個人レッスンができない。そこでこのチューニングの時に個人を見ることになる。しかも時間がない中で一人ひとりを見ることはかなりきついのだが、チューニングでは大変素晴らしい効率的な個人指導ができる。合奏では指導できないことが個人で出来るのだ。

そこでは合奏では気付けなかったことが個人で露見することができる。それほどスクールバンドでは個人を見るチャンスがないのだ。

しかしこの個人チューニングで個人の指導が少しでもできたならば、最終的に合奏の時になったらものすごい効果が期待できるようになるのだ。

また個人の指導はその生徒の反応力、対応力の強化につながるし、ソルフェージュ能力にもつながってくる。

何より基礎的なことや音色のこと、ソロなどはそこで指導できるのだ。しかもその時間は他の生徒は個人練習でがきることになるのだ。

そして個人の体調や精神状態も見ることができる。対面するのでいろんなことがわかるのである。

50人のバンドだと約30分位でできるようになると良いと思う。これは行動の機敏さや、効率的な並び方などにも影響がある。

チューニングはエアコンがあって室温が25℃位ならピッチが442で大丈夫だが、それよりかなり低かったり、高かったりした場合は、クラリネットなどで基準のピッチを作ると良いと思う。

ところが打楽器はピッチが定まっているのでこれはどうしようもないことだ。そういえば、チャイムのピッチであるが、リーガンのチャイムは440になっている。ヤマハは442であるので注意が必要かもしれない。

チューニングといっても応用曲の合奏で合わなければ何も意味がない。そこで合奏を行う曲で目立つ箇所の音程を合わせた方が手っ取り早いと思う。これは合奏をスムーズにする一つの方法である。30秒もあれば済む話である。実はこういうところがスクールバンドでのちょっとした工夫なのだ。

14. 合奏の指導①

さあ、ピッチも合ったところで合奏に入る。ほとんどのバンドはバンドスタディーなる合奏教本を最初に練習する。

普通はウォーミングアップからスケールユニゾン練習、ハーモニー練習、リズム練習、アーティキュレーションなどの合奏の基礎練習に入る。約30分から1時間であろうか。そして応用曲に入る。

ただ私は時間がない演奏会などでは、合奏の基礎練習は全くしなかったことがある。そしてチューニングも約1分位で行った。なぜそんなことができるかというと、単なる合奏の基礎練習とせずに、音楽的で魅力のある練習に

しているからだ。毎日が同じ練習で儀式のようにならないように、応用曲の準備となる練習が必要だ。テンポを変えたりダイナミックスを変えたりして変化のある練習を行おう。

●ユニゾン練習…スケールユニゾン練習でブレンドトーンを作り上げる
●ハーモニー練習…純正律のハーモニーで濁りのないハーモニーを作る
●リズム練習…リズムのイントネーション音型を合わせ統一感のあるリズムを作る
●アーティキュレーション…テヌート、マルカート、スタッカート、レガートの奏法を統一する

　合奏での注意点は以下の通りである。

●リラックスしているか
●本気で取り組んでいるか
●姿勢や正しい奏法から出る響きの豊かな音色が出ているかどうか
●まず拍子感、ビート感に乗り、リズムが揃っているか。音の長さは揃っているか
●曲の中のバランスを考えきちんとアンサンブルをしているか
●周りの音をよく聞き合ってハーモニーを含め音程を意識して演奏しているか
●フレーズを魅力的に歌っているか
●ダイナミックスレンジを意識しクライマックスを意識しているか
●弱奏部分や強奏部分の音色や音程、バランスは適当か
●音楽のスタイルを意識して、自分の表現として楽しんでいるか
●テンポの設定はできてるか、リタルダンド、アッチェルランドは揃っているか

　以上を基本的なこととするが、実際にはまだまだ安定した演奏ができなかっ

たりする。特に３年生がいなくなったとき、１年生や２年生の演奏が弱々しい場合が多いと感じるので、個人練習やパート練習が計画的に行われ、合奏がスムーズになるような練習計画が必要となる。一人ひとりが音楽的に演奏できれば当然合奏は効率的で良い合奏ができるのだ。

15. 合奏の指導②

合奏のポイントでもうひとつ大切なことがある。それは「楽しんで演奏する」ことだ。楽しむとは、まず気持ちが前向きで自分のやりたいような表現としての演奏だ。

そして曲の良さを実感して演奏することである。やらされた演奏ではない。自分が演奏したいという気持ちが大事だ。

スクールバンドでの合奏では、いかにやる気を出すかが大事である。そのためには通常の練習よりも違う方法もありえるように思う。

例えば、全員で合奏する。１年生だけで合奏する、２年生だけで合奏する、３年生だけで合奏する。

この合奏では、いろいろなことが見えてくる。１年生の状況、これはすなわち上級生にとって自分たちの指導力を問われることになるものだ。

次は上級生の２年生や３年生の合奏、これは下級生にとって憧れの演奏だし、目標の演奏になる。なので上級生は必死にプライドのある演奏をする。

また合奏ではどうしても技術的に上手くいかない箇所が出てくる。そういう時には、この箇所のメンバーだけで練習をする。他のメンバーは違うところに行って練習させるのだ。この時間は約５分位。たった５分でも集中して練習すると、かなり違う結果が出てくる。しかも他の生徒は自分たちに必要な練習をするので、上手くなるしかない。

また合奏でよくやる練習に「歌う」ことがある。歌えない楽譜は、楽器で

も演奏できない。歌うとは、音程やリズムそして抑揚をつけて、楽譜通りに歌うことである。この練習はイメージトレーニングとしても有効だ。なるべく響く声で、音楽的に歌うことが大事だ。これはそのまま、楽器演奏にもつながってくるのだ。

次に「エアー」だ。エアーとはまさしくブレスだ。管楽器はブレスが支えになる。豊かなブレスが豊かな響きを生むのだ。なので「エアー」練習をすると、音色が豊かになる。しかもフィンガリングの練習にもなるのだ。正しい指使いと正しい姿勢だ。

このように「歌う」練習、「エアー」での練習を楽器演奏の前にすると、不思議と良い響きで音楽的に演奏できるから面白い。

16. 合奏の指導③

さらに気を付けるポイントとして、合奏の日にメンバーが、前日に本番か何かがあって疲れていたらどうするかということがある。

合奏では以下のようなシチュエーションならどうするかを考えてみた。

① 最近体育祭でみんな疲れている状態
② コンクール本番間近でみんなやる気満々
③ 前日に大きな本番があり疲れている様子
④ インフルエンザが流行り、何か全体に元気がない
⑤ 新入生が多く入り、どうしたらみんな楽しくできるかわからない

①では、みんな疲れているので本来ならお休みでも良いかと思う。しかし「数週間後に支部大会があるので休めない」というような場合は、「藤重劇場」を開催する。これはプロやアマチュアでいいので楽しくおもしろいそして上手い演奏を見せること。そうすることによって練習の意義や音楽の楽しさを見つけるためだ。

②は、もうこれは誰でも緊張して頑張ろうと思っている。なので基礎基本

に戻って、少しゆったり目の練習が良いと思う。逆にリラックスをさせることが大事だ。

③の本番の次の日は、やはり反省会や忘れ物などのチェックが大事だ。そしていろいろ確認したら、明日からまた頑張ろうと決意するのが良いと思う。パートミーティング、学年ミーティングなどは適当だと思う。

④のような時でも「藤重劇場」や過去の定期演奏会のDVDや全国大会の映像を見せると元気になる。

⑤では新入生はまだ慣れていないし、技術的に厳しいこともあるので、緒形まゆみ先生の「リトミック」などで、みんなで笑顔が出て楽しく過ごすのがまず部員の定着には大事だと思う。

17. 時間がないときの合奏

もし20分しか合奏時間がない場合はどうするか。今やっている曲の全員で演奏する箇所を演奏することで基礎も集中力も基本も学べる。

例えば曲の最後の「ジャン！」という音。まず、ブレス、次にその音を歌う。そしてまだ濁っていたら20秒練習する。3回ぐらい演奏するとものの見事によくなる。これで5分だ。あとオープニングを5分、グランディオーソの箇所を10分練習することができる。

もし暗譜ができていない場合は、おそらく3分で覚えることを競争させるとみんな一生懸命だ。生徒はすぐ対応して暗譜のコツも覚えることができる。

何といってもこのような短い箇所でもまず楽しむこと、つまり音楽を感じ演奏することが良い。いつも言っていることは「かっこよく」演奏すること。そして基本である狙って演奏することである。

演奏しているときは、「今大ホールで3,000人ものお客さんが聞いていると思って演奏してください」というだけで、音がイキイキする。

要はたった一音でも良い。3回トレーニングするだけで変わることができるということ。そして絶対に妥協せず最高の音を集中力を持って3回演奏することだ。

たった一音でも音の世界は様々な要素がある。音楽、音色、発音、リリー

ス、音量、音程、テンポ、アンサンブルなどだ。

　最後にどんな音でも決して妥協しないことだ。100点以上でなければならない。そしてその音の世界で感動することが重要だ。無味乾燥な音楽ほど楽しくないものはない。音を間違わないことより、この音をどんな風に演奏したいかが大事な点だ。

　全員が同じ「色」「方向性」を持って演奏することである。

18. 時間がある時の練習

　最近はコロナ対策のガイドラインで一日中練習ができない環境なので、今回のテーマは本来必要ないかもしれない。以前は、コンクール前などは一日中の練習があったのだ。この一日練習（およそ6時間から8時間ぐらいだろうか）は、6時間あったら、3つの区分に分け練習したら良いと考える。つまり2時間が3回だ。

　もしコンクール前で課題曲と自由曲の12分間だったら、どうだろう。バンドの仕上がり段階の状況によって変わってくるのだが、大事なことは集中力がない練習や無駄な練習にならないようにすることだ。退屈にならないように、また楽しく練習するにはどうしたら良いかを考えなくてはならない。

　ただ時間があるからダラダラやるのであれば、練習効果も効率も悪くなり、かえって状態が悪くなる可能性もある。

　なのでこの練習の内容をよく吟味して退屈しないように、かつ練習内容が曲の仕上がりに貢献できるようなものにしていかないといけない。

　そして練習内容と、これに要する時間を計算しなければならない。コンクールが近づいてきて、練習が煮詰まってくる時こそチャンスと思うのが大事かもしれない。

　今バンドはどの段階にあるかを指導者は把握しないといけない。見過ごしている箇所や問題を把握しなければならない。

　特に毎日練習する指導者は、だんだん盲目的な感じになりがちである。信頼している先生や知り合いに来てもらい、忌憚ない批評を受けることが、思っ

てもいない解決策につながることがある。

　最後に「曲の仕上がり工程」について述べよう。
〈第一段階〉音並べを一人ひとりが演奏できる段階
〈第二段階〉合わせる段階、リズムやハーモニー、音の長さや、バランス、
　　アーティキュレーションの統一など
〈第三段階〉表現が感動するように構成感やダイナミックレンジの調整。
　　微妙な表現の調整。テンポの揺れと、安定感
〈第四段階〉仕上げ段階。ホール練習での音響調整や安定した演奏、曲間
　　の調整、アンサンブルや全体のバランスの調整

19. ミーティング

　スクールバンドでは、意外とメンバー同士のトラブルが多い。もっとひどくなると陰口や悪口にまで発展する。

　僕らの時代ではどんなに先輩から怒られても、人のことを陰でとやかく言うことは全くなかった。つまり「男らしくしろ」しかなかった。古い時代のことだ。

　しかし今の時代は、人としてのプライドがないように感じる。言いたいことを言うことが良いような風潮……これは言って良いことと悪いことがある、という判断ができてないように思う。

　ただこれは何もバンドに限ったことではないと思う。もうすでに幼稚園からスタートしているのである。

　知識や学習指導要領が教育の基本なのだが、最も大事なのは「人としての心構え」だ。自分がされて嫌なことは、決してしない。お互い協働して頑張ることができていないように思う。簡単なことであるがその根本のところができていないのである。

　ではどうすれば良いか。それはやはり、人に揉まれることだ。たくさんの人から学ぶしかないのだ。このようなことは、テストの結果では得られない

ことでもある。要は人柄だ。

人としての思いやりや優しさこそ人間関係には必要なことなのだ。

前置きが長くなったが、ここにミーティングの必要性がある。物事に二人以上が関われば、多少いろいろなことがあるはずだ。

常に「計画」「実行」「反省」の連続である。毎日がこの謙虚な反省により前進するのである。

音楽を集団でするには、この仲間作りが大事である。集団の心が揃わなければ、音楽なんて一つになるわけがないのである。

なのでこの仲間作りに必要なのが、まずミーテングである。一人ひとりがやらされているのでなく良いところの報告、もっとこうしたら良いのではないかの提言、こんな素晴らしいことがあったなど。

誰かが自主的に玄関を掃除したとかなどの良い報告もある方が良い。そして勇気を持って「こんなこと良くない」との発言も、である。集団であっても先輩であっても、良くないことは良くないのだ。

私がいつも言っていることは、５Ｓである。「整理、整頓、清掃、清潔、躾」である。これは集団の心の現れる場面であるからだ。

20. マナーとルール

吹奏楽は、とにかく人が多いのと物も多い。そして活動も多岐にわたり、中には年間沢山の本番をこなすところもある。

なので練習も大事だが、人間関係である仲間作りが重要なことになる。そして楽器の数も沢山あるし、その付属品であるミュートや掃除道具、ケースなど、様々なものがある。

これをちゃんと管理するだけでも、大変な作業である。しかも楽譜もある。スコアからパート譜まで、かなりある。このひとつのパートの楽譜だって貴重なものであり財産だ。

それ以外にも譜面台やチューナーなど、掃除用具もある。この管理や備品の状態を維持するだけでも大変な作業である。

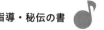

　このようなことをきちんとするためには、個人でやることも係でやることも「いつ」「どこで」「どのように」するかが重要になる。

　とにかく備品の管理が大事だし、このメンテナンスや保管まで重要なことになる。実際に以前メンバーがクラリネットをどこかに忘れ紛失したこともあるぐらいだ。あるいは遠征先で忘れ物があったりするとかなりの時間も使うことになる。

　次に学校外に出た場合ではホテルの使用の仕方や、集団活動やモラル、マナーが重要なことになる。バンドのメンバーの一人ひとりがバンドの代表だという自覚がないといけない。

　歩き方からいろいろな所作まで実は関係してくる。挨拶一つでも声が小さかったり発音が悪かったりすると、相手に伝わらなくなることがある。

　しかしこのようなことがちゃんとしてくると、バンドの評判も良くなることになる。

　人は言われたからするのでなく、自主性や気配りなどが重要になるのだ。なのでこのようなことは常日頃気をつけていなくてはならない。

　備品の取り扱い、マナーや集団活動のあり方などが実は大事な活動である。究極のマナーは相手に対する「思いやり」だと思う。

　そして心がけである。なのでいつも心のあり方や気持ちを謙虚にして活動しなくてはならない。

🎺 3 指導者として～毎日の練習のために

21. 優先課題を先決に～練習計画の作り方

　この課題は、私が一番苦手な分野だ。合奏練習であろうと個人練習であろうと、まず優先課題を作ることが大事だ。

　そしてスクールバンドはなにしろ時間がない。ルーティーン通りにやっていたら時間がないのは当たり前だ。なのでまず、できることから着手するの

が良いのだ。

　小さなできることを、積み重ねるのである。そして今はできないが、この練習をやっていればそのうちできてくると信じ、頑張ることも大事である。

　もちろん教則本やウオーミングアップではちゃんと筋道があり、流れに沿ってやるのが妥当である。バランスのとれた練習になるので、これはこれで正しいのだ。

　しかし集団美であるバンドは、まずあるべき姿の音と音楽が勝負である。練習内容も大事だが、まず中身をどうするかがもっとも問われるのである。

　練習時間から全ての練習の段取りを決めなくてはならない。個人練習、パート練習、セクション練習、合奏練習、時間の割り振り、ソロ、一番良くなかったことのチェックなど様々である。

　そして練習計画を考えても、常に上手くいくとは限らない。メンバーの集まり具合まで考えなければならないのだ。できたりできなかったりの連続である。何より練習が楽しく面白くなければならないので、いろいろ考える。いつも同じ練習では飽きるのである。なんのための練習か？　いつも自問自答。考えのない練習は効果的でない。

　練習の流れを挙げてみよう。
●個人練習…ウォーミングアップ→基礎練習（デイリートレーニング）→教則本→曲の練習（独奏、合奏曲）
●パート練習…チューニング、基礎練習（スケール、ハーモニー、リズム、アーティキュレーション）、合奏曲
●セクション練習…チューニング、同じ楽句の箇所のパートとパートを合わせる
●全体合奏…チューニング、基礎合奏、合奏の目的　曲の理解、各楽句のバランス、サウンドの統一、音楽の統一

22. 教則本とウォーミングアップとデイリートレーニング

　毎日の練習は、吹奏楽曲の完成のためにあるのはもちろんであるが、それよりもっと大事なデイリートレーニングがある。

　例えばウォーミングアップだが、伝統的な教則本の課題が一番良かろうと判断する。

　これは奏法のチェックであるし、楽器の練習の基礎である。

　このことは演奏の調子を上げるだけでなく自分の奏法の改善や調子の状態を見事に自覚できることになり練習のやりかたがわかってくる。

　演奏の技術は少しずつ上手くなっていく段階があるのだがそのためにはバランスの良い練習がなされないといけない。

　例えば私は金管楽器が専門であるが、もしロングトーンだけしかやらないと、細かなタンギング、ダブル、トリプル、ができなくなってしまう。当然リップスラーもできなくなるのである。また一見金管には必要ないようなフィンガリングでさえ、練習をしないとレガート奏法の技術が下がるのである。

　その点良い教則本がそれらを凌駕できる内容になっている。ところが、教則本をしっかりやってもできない曲もある。例えばストラビンスキーの曲などはとても教則本だけでは対応できないので、これは曲の練習が必要だ。

　特に吹奏楽でのアンサンブルは大変微妙なところがあるので合わせる練習が必要になる。例えば、音程や発音を揃えることはかなりトレーニングが必要だ。

　結論から言うと、基礎練習と曲の練習をバランスよく行うことが大事ということだ。

23. パート練習のやり方

　パート練習のやり方を以下にあげる。

①チューニング、基礎練習、曲の練習、合奏での注意や、みんなの反省を
　元に練習する

②とくにパート譜だけでなくスコアを元にパートの分析をする

③同じグループの楽器、演奏する前後の音楽とパートを調べる

④ハーモニーを調べる

⑤練習計画を企画し、完成までのロードマップを考える。個人練習、パート練習のバランスをとる

⑥模範演奏やいろいろなバンドの演奏を聴く

⑦原曲がある場合は必ず演奏を聴く

⑧まずパートのメンバーは仲良くなる努力をする。練習の基本はパートの信頼感を作る

24. パート練習の質を向上するには?

　昨日知り合いから質問が来た。個人、パート練習の質を向上させるのはどんな練習ですか、と。色々な練習があるが、やはり個人練習ができるメンバーを育てることが大事と思う。

　実際、個人練習というぐらいに、一人での練習はまず自分の音を判断する力がないといけない。どんな音が良いのか・悪いのかがわからなければ、勝手な演奏にしかならない。

　また精神力も大事だ。コツコツと地道な練習が必要だからだ。

　専門家のレッスンを受けていないスクールバンドのメンバーの個人練習こそ大事だ。下手をすると逆に悪い癖がつくこともある。

　ほとんどのメンバーにとって、個人練習の確立を目指すことが、全体のレベルアップにつながることになる。

　そして当たり前の話だが、個人練習は個人に必要な練習をすることである。他の人とは違って良いのである。

　さらに休息も必要だ。ついつい練習しすぎて、口を壊すこともある。

　何をするかは考えを持ってやるしかない。個人練習がまだできないメンバーは上手なメンバーとのペア練習の方が良いと思う。次ページを参考に!

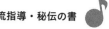

●模範とする演奏のイメージを持つ。ロングトーンでも、メロディーでも、伴奏リズムでも、上手なメンバーの真似からでも良い。

●どんな練習も目的を持って考えながら練習する。失敗しながらだんだん良い練習を確立する。

●すぐできなくても続けていくとできるようになることもあるので諦めずに練習する。

●あらゆる知識が必要。吹奏楽に関する雑誌や各楽器の本があるので参考にする。

●音楽性豊かな演奏を目指す。（正しい奏法、音色、リズム、フレーズ、ダイナミックス、表現の豊かさ、合奏の曲であれば、他の楽器との協調性を持った演奏表現）

●基礎練習のルーティーンを持つ。例えば、ストレッチ→ブレストレーニング→ウォーミングアップ→バジング→ロングトーン→タンギング→リップスラー→音階→教則本→合奏の曲

●人に聞いてもらう、録音する。

25. ハーモニーの練習

　私が今までやってきたハーモニーの練習法を述べる。これは吹奏楽やオーケストラの基礎練習として必須だ。

　なぜこれが大事かというと、正しい美しいハーモニー感覚が身に付き演奏することができれば、バンドもサウンドはいちいち指導者が指導しなくても演奏者がきちんと調整して演奏してくれるからだ。これは実技で理解するしかないが、とりあえず以下に述べる。

　①まず歌でハーモニーを歌えるようにする

　②完全1度、完全5度、完全4度、長3度、短3度、をどの音からもとりあえず歌えるトレーニングをする

　③各パートでハーモニー練習をする。低音パートはファゴット、バリトン

サックス、アルトクラリネットで３和音を構成する

④属７の７度の純正律の音程を演奏できるようにする

⑤トロンボーンかホルンパートを使って純正律のハーモニーを全員に聞かせる。その場合濁ったハーモニーと純正律のハーモニーと比べる

⑥ユーフォニウムは楽器自体の倍音が多いのでユニゾンか完全５度、完全４度にとどめる

⑦コラールの練習をする

⑧自分の楽器の替え指の特徴を教える。金管楽器は複数の運指は高めになり単独の運指は低くなる。例えばトランペットは１番２番の運指は高めの音程になる、３番は低めになる。トランペットのＢ durのＢ♭の和音ではＤの音は当然３番の運指を使う

⑨長３和音の３度は低めに演奏し、少し小さく演奏する（内声のみ）。短３和音の３度は高めに演奏し少し小さく演奏する（内声のみ）

⑩カデンツでの和声の緊張、弛緩、トニック、サブドミナント、ドミナントの機能を教える。そして聞かせる

⑪ジャズなどのテンションコードは実際にピアノで聞かせ、そのかっこよさを教える。特に６度や９度−10など。平均律で演奏させる

⑫実際の練習になると演奏者によってハーモニーの音によっては出にくかったり音程が悪い音が出てくる。どうしても矯正できない場合は違う音に変えてみる。全体のハーモニーにおいてバランスがそもそも悪いオーケストレーションの場合は演奏で変えてみる。それでもどうしようもない場合は、その場で調整する

⑬ハーモニーの基本形、第１展開、第２展開、和音の種類、長３和音、短３和音、減３和音、増３和音、属７の構造を教える

26. リズム練習の考え方

　リズムの指導は単なるリズムパターンを覚えれば良いのではない。八分音符と四分音符、二分音符や全音符は音の長さというより、エネルギーを感じ

なければならない。

　リズムではイントネーションがあると音楽がイキイキする。また、小節をまたぐグルーヴ感も必要である。

　そのほかに大事なことは、休符である。この休符とは何なのかが非常に大事なってくるのだ。吹奏楽の場合はそこに休符がある場合でも、他のパートが演奏している場合がある。そこを理解すると前後の演奏のバランスやニュアンスが変わってくる。とくにリズムセクションと言われる打楽器や低音楽器、リズムを担うトロンボーンやホルンは第二の指揮者と言われるぐらいに重要である。音楽全部を理解するとそこに必要な音色やバランスも違ってくる。

　リズムをより良くするためには、実はリズムだけではないことに気がつくことだ。つまりリズムを作る音色だ。

　どんなに正しいリズムであっても音色が良くないとリズムが活かされないのだ。この場合の音色とはアタック・リリースがそうだ。

　またはリズムのバランスも大事だ。バランスとはイントネーションのことだ。さらに考えるとリズムはすべての音楽の基礎的部分だ。そしてリズムにもフレーズ感があるし、和音にも支えられているから、当然そのバランスも大事だ。リズムとリズムはおそらく対位法的な解釈も大事になる。最後にリズムを心と体で感じるとさらに楽しくなるし自然な音楽になると考える。心が伴ってこそ音楽である。音楽は人が作っているからだ。

27. 見過ごしがちなソルフェージュ

　バンドの練習でつい見過ごしてしまうのが、ソルフェージュだ。初見力やハーモニーに関係が大いにある。

　管楽器はピアノのように最初から音があるのと違い、管楽器は音を作らなくてはならないのだ。しかも音程やピッチなどは自分の耳で判断しなければならないのだ。これをチューナーでばかりやると耳が進化しない。

　まず吹奏楽は管楽器の集まりであるのでピッチや音程は最も大事なこととなる。その辺をなんとなく演奏するととんでもない音が出るし、合奏になっ

たら濁りまくる原因となる。

　実際の練習では気温によりピッチもかなり違ってくる。ではどうした良いかである。過去の大先輩たちが構築したオルガンで一人ひとりチューニングするのが一番てっとり早いと思う。一か月ぐらいオルガンによるチューニングをすれば、大体はハーモニーが綺麗になってくる。

　吹奏楽は集団のサウンドなので、やはり一人ひとりのピッチは重要になる。一人でもピッチが悪いと、バンドすべてに影響することになる。そしてメンバーがハーモニーの音を熟知すると、変な音を出さなくなる。長3和音の響き、短3和音の響きをまず聞かせ、美しくすることが最も大事である。しかもこの和音のつながりである和声は、メロディーのフレーズにも影響するのだ。カデンツを理解しないと本当のフレーズにならないのだ。

　それと音程感を養わなければならない。3度の響き、完全4度や5度の響き、完全8度など音程も大事だが、バランスの取り方も重要である。

　最近の吹奏楽の曲は様々なハーモニーがでてくるので指揮者だけでなくメンバーも自分はハーモニーのどこを担当しているかを知らなければならないのだ。

28. リトミックとは

　リトミックとは幼児のための音楽教育というのが一般の認識であるが、この場合吹奏楽のためのリトミックである。心と体で音楽を感じる勉強だ。

　まず、リズム。四分音符で歩く。しかし歩き方が良くない。ビートを感じていないからだ。オン、オフ、表拍、裏拍、を感じることだが、言葉ではどうしようもない。1と2と3と4との「と」の足を上げる感覚が大事なのだ。膝を使い、気持ちよく足を上げる感覚が基本だ。

　次に8分音符、2分音符、全音符のエネルギーを感じて歩く練習である。全音符や2分音符では、足が止まってはいけない。足は常に「1と2と3と4と」を感じながら歩く。この感じ方こそ、マーチのイキイキした音楽につながるのだ。

29. 連符や難しい箇所の練習

　最初はすぐにできない連符の練習をどうすればできるようになるか。今までの経験によると、およそできる速さからゆっくりと練習していくのだが、そこにはさらに工夫がある。

　リズムを変えて練習するのだ。いずれにしても、この攻略に対しては忍耐力が必要となる。時間がかかるのだ。

　そこで、自己との戦いが始まるので強い精神力が必要になってくるのだ。大事なことはそこには仲間がいるということ。仲間の支えや、優しさが本人の気持ちを奮い立たせるのだ。そしてだんだんできていく喜びや絶対できるという信念が彼をさらに応援する。

　そうしてできるようになると、今後同じようなことに出会うとさらに立ち向かう精神力が身についているのでやりやすくなる。

　気持ちのあり方で困難に立ち向かうエネルギーが違ってくるのだ。仲間や、自分に対する信頼と信念が気持を支えることができるのだ。

　指導者はメンバーの自己の力を信じることが大事だが、そこにはアイデアや思いもしない攻略法を発見したりすることがある。ほとんどの場合、自分では気付かないことがある。

　それはリラックスである。あと姿勢が悪い場合もある。一見簡単なことのように思えるが、そうではない。演奏は肉体的な運動であるが、そこに精神的なものも加わり、変に力が入ったり、無理な状態が続いていく場合に、体が硬直してますます迷路にはまってしまう。

　こういう時に大事なことは、必ずできるという思いと、正しいことの積み重ねで構築されるテクニックだ。指導者の見識はどこが問題なのか、どこを探れば良くなっていくのかを、研究しなくてはならない。

30. コンクール対策!

　コンクール参加はいろんな意味で意義があるが、マイナス面もある。コン

クールというと、いわば競うことになるので当然金賞や代表になることが目標である。日本ではこのコンクールによって吹奏楽のレベルが上がったことは事実だ。しかし本来音楽は楽しいコンサートで観客に喜んでもらうことこそが大事であるのに、音楽に点数をつけることはどうだろう、勝ち負けが目標となることに問題があるのだ。

　しかし長い間、日本の吹奏楽がこのコンクール一色になっている歴史と現状があるのは事実だ。コンクールは課題曲と自由曲のみの審査だ。当然選曲は難易度が高くコンクールで高い評価を受ける選曲となる。このことで音楽の幅広い世界が狭くなってしまう恐れもある。また一年の大半をこのコンクールの曲ばかり練習して過ごすことになる恐れもある。

　しかしコンクールを目標にすることでバンドの評価が与えられ、いろんなチャンスができる良い面もある。

　全国大会金賞の評価としてはメディアへの出演や学校の評価、またメンバーが集まりやすくなることもあるからだ。学校からの予算にも影響することもある。一方コンクールの弊害としては学校を終えるともう二度と吹奏楽はしないという生徒まで出てくることがある。「燃え尽き症候群」だ。肝心の演奏の評価より審査発表がメインになることもある。審査発表での金賞！　代表！　の発表では保護者も生徒が悲喜こもごもの場面が当然出てくる。

　努力の結果が評価されるわけなので、苦労したことの達成感に感動する場面こそが審査発表だ。

コンクールの良い面もある。目標があるのでみんな一生懸命に努力するからだ。人間は一生懸命に打ち込むことで人間的な成長につながるからだ。忍耐力や精神力である。そして練習の過程での努力やチームワークとして励ましたり褒めたりしながら友情が育つことも良い面だ。

コンクールのことはやはりよく考えながら指導しなくてはならない。なかには指導者の評価にもなっていることも。しかしそれより生徒を音楽好きにする素晴らしい指導者も沢山おられるのだが。

そしてまた、コンクールはかなり長丁場だ。なので昔は朝から晩まで練習づくしだった。バンドによってはもしかしたら一年中練習しているかもしれない。

こんなに長い時間練習しているのだから当然ダレたりしてくる。

特に最初の大会が地区大会からスタートすると次は県大会である。この地区大会と県大会の間の練習のさじ加減をどうするかが大事である。そして県大会の次は全国大会が決まる支部大会だ。

この支部大会がおそらく一番大事な大会であるように思う。当然ここにコンクールの照準を合わせるべきである。

今までいろんな練習をしてきたが同じ練習は退屈で面白くない。練習が同じだとメンバーは面白くないしだんだんレベルも下がってくるからだ。

なので大会ごとに練習内容を変えることが重要だ。

31. コンサートの作り方

コンサートの企画は大事だ。まず、観客がどんな方なのか。一般の人なのか、あるいは吹奏楽関係者か？　基本は以下の通り。

コンセプトおよび準備にまつわること等々。

●これが吹奏楽！　吹奏楽の魅力を伝える一曲が欲しい

●自分のバンドはこれだ。どこのバンドにもない自分のバンドだけができる
　個性あふれる一曲が欲しい

●会場に合わせた選曲。やはり会場に合わせた曲が大事。広いところ、狭い

ところ、西洋風、音響、観客からみたステージ。配置、通路および２階席
などの会場、などを考慮した選曲、演出が欲しい

●メンバーおよび指導者がやりたい曲

●イベントの趣旨、季節感、これに合った選曲

●本番までの練習時間に合った選曲

●構成感。起承転結とクライマックス。音楽的効果、視覚的効果

●他のバンドにはない、自分のバンドにしかない個性あふれるコンサート

●観客にも参加してもらう演出。プレゼント

●サプライズな選曲および演出

●司会の選出

●衣装の選択。会場に合ったもの、曲に合ったもの

●記録を取る。録音、録画

●企画委員の選出

●アンケート用紙の作成

●事前に拡大委員会（パートリーダー、ダンスリーダーその他）の実施。メ
　ンバーの選出

●以前の反省を確認

●企画書の作成（トラックの手配、進行表、ホールへのお土産）

●反省会、レポートの実施

32. コンサートの選曲

　コンクールでなくコンサートの選曲は、これまた難しくそして楽しい！
ひとつの例として、吹奏楽スーパーバンドフェスティバルだ。

　ここでは九州各県からと関西、岡山からといろいろな地域からの参加があ
る。しかもみんな全国大会に出るぐらいの名門校ばかりだ。このようなコン
サートではやはり個性を出さなくてはならない。

　単独のコンサートと沢山のバンドが参加しているフェスティバルでは、本
当に選曲が大事になる。次の観点を意識しよう。

●このバンドにしかできない個性的な曲

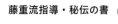
- 観客がどんな人たちか、年齢、一般、吹奏楽を好きなファン、保護者、男女比、など
- ホールに合った選曲
- 練習時間に見合った選曲、難易度も考慮
- メンバーと指揮者がやりたい曲
- 構成、演出、起承転結
- 地域性のある選曲、例えば長崎であれば長崎らしい曲
- 観客に楽しんでもらい、感動してもらう選曲
- サプライズも大事、演出、選曲
- このコンサートの趣旨、目的に合い、季節感も大事
- バンドの年齢にあった選曲（中学、高校、大学では基本的に違う選曲となる）

33. 音楽は楽しく

　今まで色々なところに指導に行ったが、なかには、楽器を演奏することが怖いという生徒がいるバンドがあった。やはり演奏するのはハードなことだし、緊張もするものだが、ここでは先輩に怒られるので間違えないように演奏するのが怖いということだった。

　誰もが緊張したりするのだが、音楽は楽しまないといつもの集中力やリラックスが保てない。

　日本の音楽教育はいわゆるお稽古事の風習があり、音楽道があるのかもしれない。しかし本来音楽は、音で自分を表現する楽しいことであるはずだ。そして楽しい仲間と演奏することによる喜びは、さらに楽しいはずである。なので音楽は楽譜を演奏するのでなく、楽譜を通じて自分を表現することと思う。そしてその音楽を周りの人たちが聴いて一緒に音楽のアンサンブルができていくことで、また楽しくなると思う。

　だからまず楽器を演奏する時は、気持ちが前向きで音と音楽を楽しむことが大事だ。ここで初めて音楽演奏や音楽教育の技術が必要になってくる。

　楽器の音がまだ出来ていなくても、ソルフェージュや音楽を鑑賞すること

は簡単で、しかも楽しいものだ。まず経験者の楽しい音楽を聞くこと。すると だんだん自分も演奏したくなってくる。そうして楽器の演奏を始めると、 やる気満々で練習が始められるのだ。

34. まとめ

いろいろ述べてきたが、練習の仕方はそれぞれあるのが現実だが、大事な ことはそこに「生きた音」があることだ。間違えないように演奏しようとか、 音程を合わせようとか、バランスを合わせようとかいってもそこに音楽とし ての喜びがなければ、演奏者も指導者も楽しくない。バンドはそもそもみん なが集まっていることが楽しいし、温かな信頼でつながった集団であること がやる気を作る。もしこの集団が、陰口や悪口がある集団であってみよう。 まずバンドが暗くなる。また指導者がいつも文句やダメ出しばかり言ってい るようでは雰囲気が暗くなるのは当然である。ときにはみんなで「誕生日」 を祝ってあげたり、楽しい話題を伝えることは生きている証だし、生活の中 の発見やサプライズはみんなにとっても楽しいことだ。こんなバンドは信頼 があり雰囲気が良い。

しかしそうはいっても現実にはしっかりしたトレーニングや理解力・協調 性が必要であること、そして毎日コツコツ練習する忍耐力が必要だ。そこで バンドの練習に対する気持ちが個人にも集団にも影響する。

集団が素晴らしいことは、練習する雰囲気やみんなで努力していると、そ うでないメンバーもだんだん頑張るようになることだ。本当に熱中すると、あっ という間に1時間や2時間は過ぎてしまう。我々は観客に元気と喜びを与え ることができる音楽をしているのだ。この幸せを感じ、日々努力したい。

藤重先生のブログには指導についての記事が毎日更新、掲載されていま す。どうぞご覧ください。
藤重佳久のブログ ● https://ameblo.jp/fujisige1228/

第3楽章

藤重佳久自分史物語
〜激動の指導!

自分史など恥ずかしい限りである
が、好きなことばかりやってきた
ことがよくわかるし、自分がどの
ように育っていったのかが改めて
理解できる。ただこれは人それぞ
れであるし、個性が作られる環境
やキャパシティの変遷であろうか。
いつも何かにチャレンジすること
にワクワクし、そのことで指導に
も勢いがつくように思う。やはり
指導者は一心不乱で勢いがないと
いけないように感じる。まず考え
て行動することだ。

🎺① 藤重佳久・自分史物語

　私は1954年12月に福岡県久留米市に生まれました。小さい時には近くにあった畑に家族で出向き米を作っていました。よくリヤカーに乗せられ畑で脱穀を手伝っていました。小学校ではビー玉、釘遊び、こま遊びと、毎日外で遊んでばかり。5年生からは友達と切手集め、蝶々の採集、石集め、石は鉱石、岩石集めに夢中！　6年生から映画を観始めましたが、なんと「ベン・ハー」「マッケンナの黄金」「ひまわり」等、ませた小学生でした。蝶々集めは近くの高良山に毎日行って蝶道を見つけ、「アサギマダラ」を発見し感動！近くにはウラギンシジミや台湾ツバメシジミなど珍しい蝶もいました。

　習い事は小学校4年生から、近くの「薫道場」で剣道と「居合道場」で刀剣を、また同じくらいに絵画を習い始めました。有名な先生のようで展覧会に出たこともありました。

　そして、家から100メートル近くの櫛原中学で吹奏楽部に入り、ユーフォニアムを吹いていました。丁度この頃天体に興味を持ち、天体望遠鏡で毎日星を見ていました。土星や木星を見つけた時には感動しました。天文年鑑で

福岡大学附属大濠高校時代、第15回西部吹奏楽コンクール。指揮者の右2人目が藤重先生

星の動きを見つけていました。

　中学３年生で転校、太宰府の学業院中学に入りました。そして福岡大学附属大濠高校に入学、吹奏楽部に入部してホルンを始めました。最初はメロホン。途中でフレンチホルンのＦ管のシングルホルンで２年間頑張りました。２年生の時に音楽大学に行きたくなりました。その当時は顧問の先生は一度も部活に来られませんでした。音楽の先生は石飛先生。始めてピアノとソルフェージュ、楽典を習いにご自宅に行きました。石飛先生はもともと英語の先生でしたが、素晴らしい先生でした。

　高校１年生の時はＯＢの大山さんが指導と指揮をされました。２年生の時はやはりＯＢの梶田さん、途中で大村雅朗さんが指導指揮をされました。大村雅朗さんはレコード大賞の編曲賞を取られるぐらいに有名な方でした。

　高校２年生から、自宅から３時間かけ折尾駅にある三好隆三先生のご自宅まで、ホルンを習いに行きました。素晴らしい先生でした。一度も怒られたことがありませんでした。いつも優しく、そして褒めてくださいました。ホルンの三好直英先生のお父さんです。

　高校時代には沢山の出会い、思い出と感動がありました。その中でも芸能界の「甲斐バンド」のドラムセットの松藤英男くんは同じクラスでした。東京時代に高円寺でばったり出会うことになりました。あと「バンドジャーナル」付録の楽譜などで作編曲家として活躍の高山直也さんも同級生でした。彼は最初トロンボーンでした。途中からサックスに変わりました。

　高校時代に音楽大学を目指し、ピアノの練習をするため高校の校長にお願いして音楽室で夜９時ぐらいまで練習していました。そのあと高校のすぐ近くの大濠公園に行き、11時過ぎまで練習して最終電車で帰るような生活でした。

　ホルンの先生である三好先生のもとには九州各地からホルンや管楽器のレッスンに来ている人が多くいました。その中でもホルンの同級生はライバルでした。彼らのおかげで努力したことが懐かしく思い出されます。中でも筑紫丘高校のＫ君は素晴らしい演奏家で、人間性豊かな友達でした。彼は東京藝術大学に行き、大学時代はよく兄弟弟子であるＭ先輩と麻雀をしたことも懐

かしく思い出されます。

　武蔵野音楽大学では憧れの田中先生（福岡嘉穂高校出身）に習うことになりました。3年からはドイツから来たブラーデル先生に師事しました。

　1年生の時にアンブシュアを変え、全く音が出なくなり1オクターブも音が出なくなりました。現在のホルンの練習法があれば全然違ったものになったかな、と思います。

　1年生、2年生では仕送りも少なく、新聞配達、弁当屋での太巻き専門のバイトをしていました。同級生に同じ福岡の嘉穂高校吹奏楽部部長のS君がいました。彼は僕に「俺らは音楽を勉強に来たんだよな、酒を飲んで遊びに来たんじゃないよな」と進言してくれました。そのおかげで3年生からはホルンを頑張りました。

　その頃ドイツから帰国したばかりの大野良雄先生にプライベートレッスンを受けに行くようになりました。そのおかげでホルンの仕事がどんどん来るようになりました。

　またその当時は藝大、国立音大の仲間が沢山できました。今は亡き一色君も同級生でした。東京吹奏楽団では山本先生に初めてお会いしました。サックスの仲田君とよく演奏旅行に行きました。沢山の素晴らしい演奏家と友達になりました。3年生ぐらいに東京シティフィルハーモニー管弦楽団の団員となり、沢山のオーケストラの曲を演奏することができました。コンサートマスターは今の東京藝術大学の学長である「澤和樹」さんでした。

　「題名のない音楽会」、NHKの番組、バレエの音楽、オペラの音楽に沢山出会った頃で、4年生になると、スタジオでの仕事、木管5重奏「織笛」のメンバーとしてファゴットの大滝雄久、磯部周平、山本安洋、櫛田玄といった偉大なメンバーとレコードを作りました。この頃のことは、自分の人生で本当に勉強になりました。演奏旅行や録音など、多彩な活動をしたことを今では感謝したいです。

　プロとしてオーケストラや木管5重奏で演奏することで、沢山の友情と音楽の勉強ができました。オーケストラでは主なバレエのコンサート曲を演奏

武蔵野音楽大学時代　プロ奏者として出したレコード「もう一人のピーターと狼」（左）、
ステージでの演奏、右が藤重先生（右）

することができました。東京バレエ団、牧あさみバレエ団、井上バレエ団、
など一流のバレエ団との演奏は勉強になりました。指揮の福田一夫、堤俊作
とは楽しく活動することができました。チャイコフスキーの３大バレエ、ド
リーブやプロコフィエフ、ストラビンスキー、ファリャなどの偉大な作曲家
の曲をバレエと一緒に演奏したことで、舞台芸術やバレエという芸術を知り、
大きな財産を得ることができました。

　芥川也寸志、黛敏郎、とＮＨＫの番組や「題名のない音楽会」での楽しい
コンサートは良い思い出でした。中でも遠藤周作との出会いは音楽をしてい
たからこそでした。今も漢語のサインを家宝にしています。

　随分昔の話。東京シティフィルハーモニーにいる時、確かアバコスタジオ
なる所で「キージェ中尉」をした時のこと。自分のホルンソロが気に食わな
くもう一回録音してくれとお願いしました。指揮は芥川也寸志でした。彼か
らなんでもう一回するのか、良かったではないかと言われたのですが、自分
が満足しないので再度したのですが、今度は逆にさらに悪くなってしまい面
目丸潰れになってしまいました。当時は若気の至りそのままの生意気な小僧
だったという話。また新交響楽団ではストラビンスキーの「春の祭典」でも
やはり芥川にこっぴどく怒られたことを思い出しました。２番ホルンの箇所、

ファゴットの後に上手く入れなかったということで彼からちゃんとスコアを勉強することを言われたのです。

そういえば昔の楽隊は凄まじく面白くかつ厳しかったことを思い出します。周りのメンバーはびっくりするぐらい上手く、そして厳しく、そして面白い人たちばかりでした。当然今よりみんな下手なのですが、しかしみんな命がけで、根性も人間性も先輩なる人たちは凄まじかったのです。

🎺2 激動の指導・精華女子高校編

プロでの活動をしていく中、やはり自分のセンスや演奏力の不足を感じ悩んでいたところ、師匠の三好先生から「精華」で教えることの提案をいただき、また「安永武一朗」からも推薦を受け、ついに1979年に吹奏楽指導を開始することとなります。

音楽の授業と吹奏楽部の指導を始めるのですが、部員は5名で楽器が余っていた、そんな状態からスタートすることになりました。

初めてのスクールバンドの指導で何をどうしたら良いか全くわからなかったですが、その時に豊島第十中学出身の友達を思い出し、バンドに来てもらいました。そこで初めてオルガンを使うチューニングや合奏の基礎練習を教えてもらったのです。

その友達の関係で八田氏に来てもらうようになったのですが、この八田氏の練習は凄まじいぐらい厳しくそして緊迫感がある指導でした。なぜなら必ず練習ではメンバーの誰かが泣くような事態になるのです。

追い込む指導の凄まじさはこれまで経験したことのない厳しさでした。もうお亡くなりになりましたが、練習の後のプリンが大好きな、お茶目なところもある方でした。彼はいくつかの編曲があるのと「バンドプレイヤーノート」なるものも制作した方です。私のバンド指導の原点は、八田氏の指導です。

初めての音楽教師と部活指導、5名から指導したその当時は、福工大付属

高校、中村学園、嘉穂高校が実力校として全国大会に行っていました。中村学園には見学するために生徒を連れて行きました。鈴木先生、松沢先生、竹森先生にも大変お世話になりました。すぐ勧誘を行い、30名ぐらいで練習をしました。前年度に決まっていた自由曲「インペラトリクス」でBパート銀賞！

そして精華の始動期、2年目にしてBパート序曲「祝典」エリクソンで金賞を取りました。その当時の生徒はコンクールや演奏会に参加することを大変嫌っていました。理由は下手だからやりたくないということ、劣等感がありました。

このことは何も部活だけではありませんでした。日本は偏差値や格差で物事を判断したり決めつけたりしています。つまり点数で人を判断するわけです。確かに努力せずとも頭の回転が良い人はいます。しかし人間性や個性、そして良いところを持っていることを伸ばすのが教育だと思っています。何かちょっとでも好きなことや才能を必ずみんな持っています。点数だけではないということです。

3年目にはついにAパートに参加です。「コラブルニョン序曲」、銅賞。ちょうどこのとき精華の校長の吉田豊さんが職員会議で、吹奏楽部の演奏を聞いて良かったとおっしゃり、なんと涙をお見せになられました。

でも銅賞は流石にがっかりしました。次の年は「ルスランとリュドミラ序曲」、なんと銀賞でした。だんだん調子に乗ってきて、翌1984年はさらに飛躍です。「ウインザーの陽気な女房たち」で金賞、初めて九州代表となりました。そこで本番当日のチューニングでオルガンはあるのですが、電源シールドを忘れてきてしまい、チューニングがいつも通りにできなかったことを思い出しました。鹿児島での話です。

5年目にしての九州大会出場は、みんなに自信がつく結果となりました。しかし次の年はなんと第一回の県大会止まりになりました。こういう時なんか次の年頑張るのが自分の性格だったようです。7年目は九州大会に帰ってきました。結果は次点で金賞！ 「三角帽子」でした。割れんばかりの観客

の拍手でした。

　この年は私立学校音楽会で最優秀賞をいただきました。大きなトロフィーが嬉しかった思い出があります。この時のこの音楽会の実行委員は松沢先生、鈴木先生と私でした。

　さあ、前年が次点でしたので今年こそはと意気込んだ自由曲は「ローマの祭り」、練習しすぎで金管がバテまくっていた思い出がありますが、結果は銀賞。

　次の年こそと思い大分での九州大会。曲は「寄港地」、確か福岡にハンスバーガー氏が来られてレッスンをしていただきました。九州大会の本番直前、素晴らしい出来にこれはいけると思ったのに本番は練習とは違いあえなく銀賞。そのあとホテルに帰ると、うちのホテルの隣は全国大会出場で沸きに湧いていました。次の朝早く集まろうといって何人かきました。夜明けをみんなで見て、来年は絶対全国大会に行こうと誓い合いました。

　吹奏楽を始めて10年目、1990年の九州大会は佐賀で行われました。自由曲は「ロメオとジュリエット」。大会終了後ロビーには松沢さん、屋比久さんがおられました。発表はなんと全国大会！　嬉しかったなぁ！

　しかし翌年は全国にも行けず、支部大会で落ちたまた次の年、捲土重来を期して臨んだ九州大会。「ダフニスとクロエ」この曲に挑みました。最初の12連符に凹むが練習すればできると信じ頑張って、そしてフリューゲルホルンやアルトホルンを使用したことを審査員の藤田玄播先生に絶賛されました。一抜けの全国でした。そしてこの年は個人、パート練習をせず合奏だけで挑んだ九州大会、見事な演奏でした。よく頑張った！

　全国大会に返り咲いた次の年、絶対に行かねばならないと心に決め「ディオニソスの祭」を自由曲に決め、初めての2年連続全国大会に出場。「ディオニソス」はビューグル族が活躍する大曲。元々が難しい上にテクニックがやたら難しい曲でした。

　1994年には自由曲「三角帽子」で全国大会初めての金賞。なんとこの年はアンサンブルの全国大会に。そして次の年は2回目になる「ローマの祭り」で2年連続全国金賞を取ることができました。

　それでもまだ指導法は確立しておらず、そのあと銀賞が続き、なかなか金賞が取れなくなりました。「ディオニソスの祭」「アルプスの詩」「スペイン狂詩曲」「交響曲３番」「ダンスムーブメント」、みんな銀賞。そこでいろいろ考えたけれど方法はわかりませんでした。そして初めてスミスの「ルイ・ブルジョワの讃歌による変奏曲」を自由曲に選んだ2005年に、普通は危険なトランペットのソロとかはしないけれど、このままでは面白くないので決意してやってみました。なんと金賞！　そこでわかったのは個性を出す、自分が面白くないと聞く人も面白くない、ということ。そうだ、思い切りやれば良いのだ！　との結論に達したのです。

　そしてこの後精華での最終年である2014年まで、出場した全日本吹奏楽コンクールで８回連続金賞を受賞することができたのです。

　福岡では生徒の交流と吹奏楽の啓蒙活動として、色々なイベントを行いました。４校合同演奏会、ブラスステーション、課題曲講習会、どんたくマーチングフェスティバル、マーチング講習会、ミニコンサート、ブラスセッション、などのイベントを生徒の交流と吹奏楽の発展として行いました。

　マーチング普及のために福岡県の高文連に初めてマーチング部門を作りま

2012年の定期演奏会から

127

した。何年前になるでしょうか。そして福岡県での全国高文祭も行いました。あの時は大変でした。一年間毎日夜10時くらいまで残り準備しました。そして九州マーチングバンド・バトントワリング連盟での役員をさせていただきました。福岡の高文連での講習会、マーチング連盟での発表会、講習会など色々やりました。そこでの組織の大変さなどたくさんの経験をすることができたし、国体での開会式では2,000名のバンドと合唱団での演奏でパレードの指揮をさせていただいたことも貴重な体験。その後の植樹祭、国民文化祭なども経験することができました。初めてのマーチング・バトン連盟の全国大会初出場は前代未聞の文部科学大臣賞をいただきました。武道館でのことです。

　最初の定期演奏会はももちパレス。藤崎にあるホールです。それから何年たったでしょう。次は福岡サンパレスになり、最終的には4回公演となったのです。この演奏会こそが1年間で最も大事なコンサートとなるのです。バンドの全てを出さなければならないし、この一年の集大成です。試行錯誤でしたが、エンターテイメントを勉強すべく遠くアメリカまでラスベガスまで行ったことを思い出します。

　精華女子高校には35年間務めていましたが、一番お世話になったのが、桜井先生です。家庭科の先生で学年主任や教科の主任もしておられ、音楽にも造詣が深く、いつも運営費のことや色々なことでも支えてくれた先生でした。この先生がいなかったら現在自分が存在しないぐらいの方です。無理難題をいつもお願いしていましたが、一回も断られたことがありません。生徒のためと音楽のためにやっていることに共感し支えてくれた大恩人です。そして靴の揃え方や、食事のマナーなど女性としての心得ややり方をいつも丁寧に教えてくださいました。いつかは品川プリンスホテルから手紙が来て生徒さんのマナーと部屋の使い方が素晴らしいと書いてあり、また来てくださいと。こんな先生なのです。今でも忘れることのできない先生、ありがとうございました。

F3 激動の指導！　活水学院編

　35年間務めていた精華女子高校を退職する機会に、長崎の学校でまた勉強をしたいと考えたのが活水に来ることになったきっかけです。

　最初にやったことは大々的な記者会見でした。新聞やテレビの取材、吹奏楽では見たこともない派手なデビューでした。

　今でも覚えていることは、その当時大学の院長であった「奥野先生」から言われた言葉で、「長崎を音楽で活性化」して欲しいと話されたことです。その後、奥野先生はコンサートやコンクールに足を運ばれいつも素晴らしかったと感想を述べられたことを思い出します。このことは最も嬉しいことでした。我々バンドはやはり聞いてもらって喜んでもらえることが一番の栄養になるからです。

　中学・高校の学校には音楽科があり1棟が3階、4階に個人レッスン室や音楽室4室、アンサンブル室A、B、C、の小部屋があった。私が来てこの棟の一番上の教室を改造して吹奏楽部の部屋が防音付きででき上がりました。窓からは稲佐山が見え、横にある公園の森の緑が見え、音楽室としては理想的なロケーション。カーテンを上品なピンク色にしました。

　新学期が始まる前に何回か来て音楽室の色々な注文をして、楽器も新しく全て揃えました。大学では私の就任のことが記者会見という形で報道され、そして1年目がスタートしたのです。

　高校は吹奏楽部ではなくアンサンブル部として、指導者もいて活動していたのですが、新たに活水プロジェクトとして吹奏楽部が誕生しました。まずそれまでのメンバー20数名に新1年生の30名と中学生が数名加わって、なんとかコンクールギリギリの55名に数は揃いました。しかしクラリネットは一人しか演奏できる人はいなかったし、ファゴットはゼロ。あとはなんとか揃ったけれど、約3分の1は初心者だったのです。

2015年夏の練習から

　それまでとは180度違うバンドになりました。ただ練習だけでなくバンドの行動からマナーなどすべてが変わったので、すぐに福岡工業大学付属城東高校に合同練習をお願いしました。バンドの空気を知るためです。

　思った通り、うちの生徒はかなり刺激を受けたようでした。

　それからの練習は最初から全開の練習でした。朝練習から夜は時間ギリギリの８時までやったのです。それまでのアンサンブル部とは、練習時間も何から何まで変わったのです。これではついてこられない部員が出てくるのではと危惧しましたが、驚くことにほとんどの部員はついてきたのでした。

　活水高校の一年目は何から何までゼロからのスタート。しかも県外から来た生徒も多く、いかにまとめるかが勝負と言える……ここから激動の指導が始まったのです。

　練習も運営もゼロからのスタート、そんなバンドだからこそやりがいがありました。普通の練習との一番の違いは、基礎練習を全くしなかったこと。

本来基礎練習からやらないといけないのですが、私は曲からじゃんじゃんやり始めました。楽しく上手くなることだけやり続けたのです。まず行事が全て。初心者が多いのにコンクールに参加したり、最初から色々なコンサートを開催しました。この活水高校はプロテスタントの宗教法人で、僕の大好きな「ルイ・ブルジョワの讃歌による変奏曲」は、毎朝歌っているこの学校の重要な讃美歌を基に作られたのです。だからレベル6の難しい曲ではあるのですが運命と感じ、すぐにこの曲をコンクールの自由曲としました。まだロングトーンもできない生徒にレベル6の曲を選んだのだから凄いことです！

　とにかくなんでもやりました。最初の取り組みが、4月に音楽室で行ったウェルカムコンサート。そして次にはサマーコンサートを6月に、佐世保のアルカス大ホールで行ったのです。その勢いで吹奏楽コンクールに初出場、金賞受賞で九州大会の代表になったのはびっくり！　今思えば無謀としか言えない出来事ばかりです。そしてなんと九州大会でも金賞、全国大会代表になったのも、奇跡としか言いようのない出来事でした。

　初めての長崎での吹奏楽の活動は、吹奏楽活動も行いながらマーチングにも取り組みました。カラーガードもマーチングパーカッションも、大会に出場したのです。ほとんどが素人、マーチング経験者もほとんどいないなか、1年目にしてマーチングコンテストにも出場し、県大会では金賞代表となり、九州大会でも金賞になりました。ちょっと危惧したのが、マーチング嫌いが出ないかということだったのですが、ほとんどのメンバーはマーチングを楽しそうにやったのでホッとしたものです。

　そして第1回の定期演奏会までやってのけました。そこではマーチングもしたし、ミュージカルも演りました。演目はこの学校の創設者「ラッセル物語」、保護者に衣装や大道具を作ってもらい歌やコーラスも行いまた。なんと学院長も配役として参加してもらったことが懐かしい！　やればできることを実感、生徒の表情もやる気があり、毎日が前進した日々でした。しかも結構厳しい練習でしたが、部員はほとんど辞めなかったのです。

第1回定期演奏会から

　活水のマーチングは中学、高校、大学の合同バンドで出場、12歳から21歳の幅広いメンバーはまるで家族のようでした。高校のパレードコンテストでは、2年目にしてあと少しのところで全国大会を逃してしまいました。しかし翌年はついにパレードコンテストで全国大会の代表となりました。夢の大阪城ホールです。そこでの曲は「海を越える握手」スーザ作曲、編曲は鈴木英史さん。この曲はあまりにオーソドックスであり、よく知られた名曲ですが、思ったより大変な曲でした。最初の前奏がなかなか上手く決まらず手こずったので。しかし念願の全国大会は、生徒と保護者が喜んでくれました。みんなでたこ焼きを食べたことが思い出されます。

　初めて代表になった全日本パレードコンテスト、何しろ中学生、高校生、大学生全員でやったマーチング、当然学校の場所が違うのでそんなに練習の回数が取れないのです。九州には一般の団体で上手い団体があるのですが、そこで一位通過できたことは本当に効果的な練習ができている結果だと思うのです。保護者も含めみんな感動していました。1回目の曲は「ウインドオーケストラのためのマインドスケープ」、普通は吹奏楽コンクールでやる曲で

すが、僕の目指しているマーチングはシンフォニックマーチングなのです。あと少しで金賞でしたが、充分やりがいがありました。

　この年からなんと３年連続で全国大会に出場し、４年目と５年目は金賞という偉業を成し遂げたことは快挙でした。それに連れてカラーガードとマーチングパーカッションのレベルも上がってきて、大会での順位を上げることができました。長崎の高校で初めてパレードコンテスト全国大会２回金賞、自信になったことは言うまでもありません。

　２年間全国大会に行った時にディズニーランドで演奏をすることになったのは、素晴らしい経験でした。

　活水高校では体育館をスポーツクラブが使用しているため使えないし、民家が近いために音が出せない。都市にあるバンドは体育館でも運動場でも音が出せないのです。以前精華の時には近くの公園でしばらくやっていましたが、マンションが近くにできたらパトカーが来て止めさせられました。仕方なく今度は空港のところの野球場でやったら、飛行機が真下にくると全く音が聞こえない場所でした。夜になると投光器をつけ練習したし、途中で雨が降るとみんなずぶ濡れでした。しかもそれぞれタクシーに乗っていくのだからお金もかかった、まるで放浪のタクシー軍団です。それでも頑張って全国大会に行きました。環境に負けないのです。活水でも同じようにあちこちの場所で練習しました。いろんな工夫をしてマーチングに取り組んでいることが素晴らしいのです。

　こうした実績を重ね、バンドがみんなから認められ、いろんなチャンスがくるきっかけになることが嬉しいのです。

　さて、2019年の活水のコンクールの話をしましょう。2015年、最初のミラクル全国大会からなんと３年も全国に行けませんでした。審査の状況はちょっとの差でした。このことは自分にとっては大変勉強になりました。なぜダメだったか。実は中身は悪くないのです、ちょっとした勢いと音楽の表現が良くなかったからだったのです。これは全く指導者の責任です 。

　演奏することは、実は間違えないようにすることではない。この楽譜から

どんな感動のドラマができるかの表現にかかっているのです。毎日長い間練習していると、どうしても守りの演奏になってしまうことがあります。そんな演奏が面白いわけがないのに、減点させないように思ってしまうからそうなってしまうのです。

　この年はなんと5曲の候補を練習していました。そこで一番練習していない曲が実は昨年の自由曲になったのだから、わからないものです。決定は5曲を知り合いの3名に聞いてもらい、全員が「この曲が良い」と言ったのだからどうしようもない。自分が選んだ曲は良くなかったのです。だから選曲は大事なのです。何が？　審査員は自分ではなく他人なのだから、人に聞いてもらうことも大事なのだということです。

　そんな2019年は、5年ぶりに吹奏楽コンクールの全国大会の代表となりました。なんと九州大会は順番が朝一番の出演で、早朝4時に起き練習を始めました。熊本の小学校の吉野先生の関係の場所で練習させていただけたことで、本番では熱い演奏が出来ました。代表発表の瞬間の生徒の喜びようが印象に残りました。

　長崎へ来て一番の問題だったのは組織でした。1年目はとにかく中学、高校、大学と全てのバンドの指導をしましたが、一人でやるには限界があり、3年目にはスタッフと分けて指導。3年目と4年目は一番きつかったですね。中学と高校のコンクールに出場したからです。そして6年間がようやく終わろうとしています。長いようであっという間でした。

　ところでこの長崎に来ていろんな試みをしたりしましたが、反省も多くあります。その中で一番指導の上で考えたのは、「生徒の自主性と自立」です。なんでもやらせてみました。その中で一番の反省は、指導者としての自分の性格。マネージャー的なことが苦手なために、運営がつまずきだらけだったのです。自分は指導者としての経験とひらめきには多少は自信があったのですが、組織や運営のことまでは上手くいかなかったのが正直な感想です。しかしとどまるわけにはいかないのです。

さらにもう一つやりたいことがありました。それは「地域に吹奏楽の活動の場を作る」ことです。ミュージックキャンプ、ドリームコンサート、ラブフェスティバル、帆船パレード、ランタンパレード、ポップスアンドジャズフェスティバルなど。そして吹奏楽の仲間づくりもやりたいことでした。最後に島への指導。宇久島、五島、島原での指導においては、新たな出会いがありました。長崎に来て色々な出会いが財産になりました。最初に近くの中学校に指導に行った所は、なんと長崎始まって以来の吹奏楽全国大会出場で、しかも金賞！　素晴らしい演奏でした。そして熊本から来られたY先生の小学校のメンバーの育て方にはびっくり。こんなに優れた人間性が養われることに唖然としたほどです。演奏も大人のような本物の音色と音楽で、小学生と感じないしなやかで説得力のあるダイナミックなサウンドにはびっくり仰天でした。

　今後も人との出会いと音楽の出会いが自分を変えることになると思います。

　精華で35年、活水で6年、こんなに吹奏楽に携わることができて最高に幸せです。しかも年々指導のレベルが上がってきたことが嬉しく、現在も勉強するごとに良くなっていっています。ただ最近は吹奏楽だけでなく、部活動の指導のあり方自体が問われてきています。

　学校教育はいわゆる閉ざされたなかでの歴史と伝統の名の下に、社会の流れに追いついていかずにいる状況を感じます。ネットを通じ、今や世界は一つになっている感さえあります。そのなかで社会は常に革新がなされています。学校教育のなかでも革新をしなくてはならないはずです。制服やテスト、学校行事はなぜ必要なのか、今こそ考えなければいけない時がきているように感じます。

　そもそも生徒は色々な個性がありデコボコなものです。そのデコボコな生徒一人ひとりを成長させることこそ教育の基本のはずです。なぜテストの成績のみで順位をつけるのか。それぞれの個性を伸ばすことでこそ社会に役立つ社会人になると思うのです。

4 お世話になった先生方

　九州には以前御三家と呼ばれる学校があり、当然凄い先生が３人おられました。嘉穂高校、福工大付属高校、中村学園の３校で、全く違うサウンドで独自の音楽を持っていました。当然指導法はそれぞれ違って面白かった、というより凄かったです。

　この３校には九州の他の学校は全く歯が立ちませんでした。それぐらいに凄まじいサウンドだったのです。もちろん筆舌に尽くし難い練習内容と練習量であることは間違いなかったでしょう。

　この中で嘉穂高校の竹森先生には大変お世話になりました。この先生の指揮は独特のものがあり、真似しようと思いましたが、できませんでした。ご当人に聞いてみたら、なんと東京までレッスンに行っておられたそうです。

　この先生の指揮は必要以外にはあまり棒を振らないという方法でした。いずれにしてもこの３人の偉大な指揮者は指揮も抜群に良かったのです。

　吹奏楽を初めて指導した時に、中村学園の指導者、松澤先生がおられました。もちろん現在もいろいろなところで指導されている先生です。この先生の中村学園の演奏と活動を見学にいったりして勉強しました。すごい先生としか言いようがありません。

　そこでの指導者としての考えやポリシーを、今でも自分の指導の原点としています。まず指導者はいつもバンドと寄り添う同志であること、練習では一切妥協しないこと、など色々あります。その時のサウンドは吹奏楽でこんな音が出せるのか、というぐらい美しく豊かな木管のサウンドでした。

　そしてもう一人、鈴木孝佳先生、前の福工大付属高校城東高校の先生です。この先生の金管の凄さといったら、世界中の吹奏楽指導者が驚嘆したぐらいのサウンドです。圧倒的なアメリカンサウンドというぐらい、豊かで輝かしい金管のサウンドと打楽器の音色の素晴らしさは未だかつて聞いたことがないほど魅力的でした。

　福岡での音楽はすでに偉大な先輩たちがいたのでそこを目標に頑張りました。松澤先生、鈴木先生、竹森先生です。色々な人がいろんなことを言いますが、実際やってみればいい……そんなに簡単ではないのです！　こんな先輩たちがいたからこそ、自分も勉強できたのです。

　そして自分の高校時代、大村雅朗という偉大な先輩が音楽の魅力を教えてくれました。松田聖子の「SWEET MEMORIES」の作曲者です。そしてホルンの高崎先輩、和田先輩、クラリネットの西川先輩、そしてピアノの石飛先生。そして何と言っても師匠である、ホルンの三好先生。三好隆三先生こそ一番の恩師であります。

　九州のマーチングは以前からレベルが高く、吹奏楽連盟のパレードコンテストは全国大会でも九州勢はトップクラスのレベルです。またマーチング協会の九州のレベルも高いのです。特に沖縄の西原高校のマーチングは圧倒的でした。ありえないスピードで、完成度も完璧。顧問の高江洲先生の時の圧倒的なマーチングには驚くしかありませんでした。その後この先生とは仲良くしていますが、またあの様なマーチングを見てみたいと思うのは自分だけではないはずです。

　そして何と言っても屋比久勲先生。伝説的なこの先生の演奏は、九州の御三家とはまた違うサウンドと音楽でした。ありえない様な美しいビロードの様なサウンドは、国内はもとより世界中にファンがいるくらいです。
　そういえば屋比久先生はよくコンサートに来られている姿をみました。勉強家でいらっしゃいました。先生は残念ながらお亡くなりになりましたが、もっとこの先生から勉強すべきだったと思います。もうあの様な音楽が聴けないとは、残念なことです。

　マーチングの指導は目で見ることで誰にも練習ができることが良い、つま

り生徒でも誰でもわかるからです。姿勢や動きなどはかっこよく動いている
メンバーをすぐ発見することができます。そのことで初心者などはすぐに真
似をしてかっこよく動くようになることが、マーチングの良いところです。
そして列がそろうと綺麗に見えるので、みんながそれを意識することができ
るのです。

　もう30年になるでしょうか、山崎昌平先生との出会いが自分の指導のあ
り方を根本的に変えたことになりました。この先生は常に穏やかでしかも楽
しく、さらに集中させる天才的なマーチングの指導者です。決して怒らずま
た感情的にもならないのです。笑顔があり、楽しく練習ができる理想的な指
導者です。一時期真似をしようと思ったのだけれど、無理でした。おそらく
日本中の指導者も同じように真似をしただろうと思うぐらいです。

　国内の指導者で最も尊敬
する指導者は、淀川工科高
校の丸谷明夫先生です。こ
の先生の凄いところは、人
格。生徒のやる気を引き出
す指導法は日本一です。何
が凄いか、それはどこまで
も譲らない日本一の努力、
そして強さであり人づくり
です。

　このバンドの卒業すると
きに書く「トロンボーン」
という文集を読んだことが
あります。全ての部員が書
いた文集、驚くことに自分
の言葉で書いた丁寧な文字

丸谷明夫先生（左）と

と文章が並んでいます。ここにこの先生の指導の結果が見事に現れていたのです。この文集にはちゃんと人としてどうあるべきであるかと、頑張ることの素晴らしさを書いていたからです。

　この学校には数回見学に行ったら、とにかくびっくりすることだらけでした。まず、朝練習は自由。放課後の練習はなんと11時過ぎまでやっていました。こんなことができるのが不思議なくらいで。

　そして何と言っても丸谷先生の指導が厳しくそして面白いのです。空気が凍るほど緊迫したかと思うと、次には笑いがある。

　何なんだ！　と思うしかないほど面白いし、真剣なのです。しかも全て練習は生徒が計画し実践しているところが良い。

　今でも魔法にかかったような指導、だから面白いのです。

　以前習志野高校に見学に行きました。学校に着くと、校門に部長が待っていてくれて、まずその対応の良さに驚きました。

　そして練習が始まったのですが、この学校の自主性やオープンな雰囲気は今までに見学したどの学校にもないものでした。

　顧問の新妻先生がまた凄い。静かだが熱い心がある素晴らしい先生なのです。知的でしっかりした考えのある指導でした。

　何よりミーティングが良かったです。1年生も3年生も関係なく、それぞれがじゃんじゃん言いたいことを言っていました。

　こんなバンドがあることに驚きまた。やはりバンドはそれぞれなんだ、と思いました。

　個人もそうですが、学校もそれぞれ違う。それで指導も違っていいのだ、とわかりました。

　浜松に聖星高校があります。指導者は土屋先生。僕の最も大事な友達です。このバンドは一人ひとりの自分の音と音楽を感じることができます。音が生きている、単に楽譜通りでない思いがこもっているのです。

そしてこのバンドのメンバーは人を大事にする、気配りを感じる雰囲気があるのです。この、人に対するあたたかさが好きです。そしてそのことは音と音楽に表現されているのです。

　以前京都の洛南高校に、故・宮本先生に会いに行きました。先生はわざわざ京都駅までお迎えに来てくださいました。そこで歩いていると先生は道にあったゴミを拾われるではないですか、まずそこに驚きました。学校に着くと東寺にあるこの学校の練習場の狭いことに驚きました。そしてこの学校は男子高校。この男子が素直で一生懸命な姿に感動しました。先生と一生懸命に頑張っている姿に、一片の曇りもないのです。自分も男子高校で育ったので懐かしく当時を思い出しました。こんな学校があることにも驚いたのですが、先生のまっすぐな性格、そして温かい気遣いにも感動しました。

　以前愛工大名電の故・松井郁夫先生のところに見学に行きました。先生は見学に行くとその一部始終を見せてくれました。
　朝練習はまず個人レッスンから。練習場は木造の狭いところでした。しかし情熱に溢れた練習があり、先生の指導も熱心でした。何より練習後にレストランで夕飯をご馳走になったことを思い出しました。そういえば松井先生から合奏の基礎練習でカデンツの練習方法を学んだものでした。
　今もこれをやっているので本当に感謝したいと思います。こんな偉大な先生のおかげで、今の自分があるのです。

　このように沢山の学校、先生方に会いに行って本当に勉強になりました。みんな本気で一生懸命、そして何より素敵な先生方でした。そして不思議と生徒たちもその先生と似ているように感じました。
　やはり出会いが大事で、そこに行かなければいけないことが、実行してわかりました。

藤重先生へ贈る言葉

「笑顔は心のビタミン」藤重先生は、良い時もそうでない時も、この言葉を大切になさっていると思います。初対面の時、私はいきなり「梅沢富美男にそっくりですね」と失言しました。先生が「ビタミン笑顔」で「よくそう言われます」と、この非礼をサラリと流して下さったことが忘れられません。以来6年。私から見える先生は、情熱と行動の人。それは驚きの連続でした。本書にもあるように、先生は誰からも学ぶ姿勢があり、実に様々なことに感動します。その強い好奇心は、一緒に夢を実現させる人との絆へと繋がります。先生を突き動かすものは全て、音楽で若い世代の成長を願う「愛」に尽きると感じます。世界が複雑になる今、子どもたちのために何ができるのか？　私たちに突き付けられた問題です。取り組む道はいろいろです。これからも、益々お元気で先生の「道」を歩まれて下さい。遠くからお祈りしています。

（元中学校教諭　緒形まゆみ）

藤重先生というと「突然の予定変更・先が読めない」と言う答えが多いですが、それは全て真逆です。
「アイディア豊富」「様々なアプローチを瞬時に提示」「時間を無駄にしない」
の裏返しです。
　一見めちゃめちゃに見える状態が、最後にジグソーパズルのピースがハマるように収まるのは、ゴールがはっきりしているからこそ、なせる技です。

　多くの先生は「生徒を変えよう」としますが、藤重先生はこれも逆。
自分を変えていくのです。だから生徒も自発的に変わります。
　システム化した方法論に囚われない。その場と相手の状態・レヴェルを見て変えていく。
現に精華と活水では全く違いました。
　しかも、楽器の技術だけではなく人間自身が変わっていくのです。
忘れ物もミスも多い先生ですが、それをフォローする生徒が増えていきます。
生徒が先生と変えることすらあります。一緒に変わるのです。

　実は繊細で客観的で他人想い。これも世間の印象とは真逆。
生徒の自発性を自然に引き出す藤重先生は、真の教育者であり音楽家だと思います。

（作曲家　鈴木英史）

　藤重先生との出会いは2016年の春。当時勤務していた山里中での指導に行き詰まり、藁にもすがる思いで電話したことがきっかけでした。その後は目から鱗の連続。楽しくて上手くなる指導を実践するうちに、思いがけない結果も手にしてしまいました。その後もひっくり返す勢いで長崎の吹奏楽を楽しく変えてくれました。さて。藤重先生を語るとき華々しい賞ばかりが強調されますが、先生のスゴさは、考え方の柔軟さ、そして恐ろしいまでの実行の速さです。相手の経験に関わらずいいものはどんどん取り入れ、すぐにやってみる。PDCAサイクルが嵐のように吹き荒れています。音楽を通じて最も人生を濃く楽しむ方法を、まだまだ先生から学びたい。益々のご活躍を期待しています！

（戸町中学　加藤賢紀）

藤重先生の指導の秘密を教えていただきたくて、先生の前任校へ出かけました。果たして、そこには藤重先生ワールドが広がっておりました。その時からすっかり先生のファンになってしまいました。とにかく良いと思った感じたことは即行動！真似してるつもりですが、あの領域は神です。この本からそんなところを感じて実践してみることが大切だと思います。私もまだまだ学びます。

（浜松聖星高校吹奏楽部　音楽監督　土屋史人）

　私は思う。たまたま吹奏楽の世界と出会っただけで、おそらく野球部、サッカー部を指導しても監督藤重佳久は日本を代表するチームを作っていただろうと…。子供たちの潜在的な能力を最大限に引き出す方法を知り尽くしている。某アニメのキャラが味方に使う技ではないが、まさに「潜在音楽能力の開放」と言える。私も「藤重佳久」とはどんな人物かとよく質問される。吹奏楽史上に名を刻んでいるのは演奏した曲の素晴らしさもあるが、それ以上に藤重氏が人気の理由はやはり先ほどの職人技、そしてなんと言っても氏の人柄にある。決して堅実なタイプとは言えないチャーミングな人とナリは周囲を魅了してならない。かく言う私もその一人であるのは間違いないが…。

（一般社団法人 石見音楽文化振興会　田中健一）

　藤重先生の数十年前の第一印象は「忙しい先生！」でした。多分、藤重先生とお会いされた沢山の方々の印象も大なり小なりこの言葉だと思います。
　しかし次第に生徒さん達への言葉かけ（お叱りを含め）から、先生の「愛情の深さ」を知り、ステージ構成中に突然の変更も、先生の「感性の豊かさ」に気付きました。
　あれは意味ある忙しさだったのですね。
　私は藤重先生から人として多くの事を学び…また気付かされました。それは仕事にも活かさせて貰っています。色々な財産が出来ました。勿論この本も財産の一つになります。

（打楽器奏者　木村美智子）

　藤重先生の指導は一言で表すと「魔法」です。どんなバンドもどんな生徒も藤重先生の指導を受けて変わっていきます。その場・そのバンドにあった指導ができる引き出しの多さと、1人ひとりにチャンスを与え魅力を引き出す指導がその秘訣のように感じます。
　音楽に絶対妥協しない姿、常に学び続ける姿、新しい事にチャレンジする姿は吹奏楽指導者としてだけでなく人生の大先輩として憧れです。偉大な藤重先生の生徒でいられた時間は、私のこれからの人生をずっと支えてくれると思います。　　　　　　　　　　（卒業生）

　藤重先生の指導はとにかくパワフルで音楽の楽しさを教えてくださいます。
　笑顔が絶えない練習、みるみる変わるサウンドを作り上げる藤重先生の指導は、自然と生き生きしたチームを作り上げることができます。
　一分一秒を大切にした指導は、音楽だけでなく人としての在り方も成長することができ、いつまでも目標に向かい努力をすることの糧になると思います。
　これからも沢山の人に藤重先生の音楽が広がって欲しいと思います。　　　　（卒業生）

音楽に妥協なし！　生徒と一緒に日々成長していくのが藤重佳久。合奏では答えを伝えるのではなく、奏者に考えさせる。新しいことに挑戦し、良いものはどんどん取り入れる。全ては、観客にすばらしい音楽や感動的なステージを届けるため。藤重先生は「音楽は世界平和だ」と言う。なぜなら、言葉はわからなくても音楽なら人と人が繋がることができるから。藤重先生は音楽を通して生徒と向き合い、生きていく中で大切な事を伝え続けている。　　　　（卒業生）

娘は初心者で活水中高吹奏楽部に入部し、５年間指導を受けました。藤重先生からは、音楽の厳しさ・楽しさ・チームワーク・挨拶の大切さ等など言葉では言い表せない程の経験をさせて頂いた事が、今の娘の成長に繋がっていると思います。

藤重先生の音楽は人を感動させ、楽しませ、元気にさせてくれます。藤重サウンドが子供達を成長させてくれました。

これからもたくさんの人達に感動を与え続けてください。　　　　　　　　　（保護者）

娘は中学１年から６年間、藤重先生に御指導を受けました。先生は深い愛情を持って全身全霊で娘たちを御指導されました。娘たちが厳しい練習を乗り越えることができたのは、藤重先生の惜しみない愛情があったからこそです。この６年間藤重先生の下で吹奏楽部に打ち込むことで娘は大きく成長しました。厳しい練習を続けて吹奏楽コンクールやマーチングコンテストの全国大会になんども出場できたことは娘にとって大きな自信になったと思いますが、親としては補欠に回っても挫けなかったことを褒めてあげたいと思います。

娘はこの４月から関西の大学に進学して大好きなバスクラリネットを続けます。将来は中学校の音楽の先生になりたいと言っていますが、進路を自ら決断する力も藤重先生から御指導頂いた賜物です。

この６年間娘たちを熱心に御指導頂いた藤重先生には感謝しかありません。藤重先生本当に有難うございました。
（保護者）

藤重先生に習いたい！先生と音楽がしたい！音楽の楽しさを学びたい！娘が真剣に伝えてきた事を今でも覚えています。娘と同じ志の仲間たちが日本全国から長崎の地に集まりました。高校３年間はまさに吹奏楽漬け。音楽の技術はもちろん、人間的にも大きく成長しました。先生のもとで音楽をすることができて本当に幸せでした。藤重サウンドを演奏できる喜びを心の底から感じた３年間。私たち親も共に成長し楽しんだ３年間でした。
（保護者）

著者紹介

藤重佳久（ふじしげ・よしひさ）

福岡県久留米市に生まれる。中学・高校で吹奏楽活動を行う。武蔵野音楽大学でホルンを田中正大、フーベルト・ブラーデル、大野良雄各氏に師事。在学中より、東京シティ・フィルハーモニック管弦楽団団員として活躍。1980年より精華女子高等学校音楽科教諭に就任。吹奏楽部顧問として全日本吹奏楽コンクール19回出場のうち金賞10回受賞。全日本マーチングコンテスト16回出場のうち全て金賞受賞。2015年より活水女子大学音楽学部特任教授に就任。活水中学校・高等学校吹奏楽部音楽監督として初年度に全日本吹奏楽コンクール出場。2016年に活水学院吹奏楽団がマーチングバンド全国大会一般の部出場。2017年より3年連続で活水中学校・高等学校吹奏楽部が全日本マーチングコンテスト出場、うち金賞2回受賞。2019年には全日本吹奏楽コンクールにも2回目の出場。2021年3月に活水学院音楽監督を退職、4月より長崎県大村市教育委員会、島根県教育委員会、（一社）石見音楽文化振興会にて吹奏楽指導に携わる。
ブログ● https://ameblo.jp/fujisige1228/

吹奏楽のカリスマ 藤重先生のブラバン日記 日々の練習と指導のヒント集

2021年4月20日　第1刷発行

著者	藤重佳久
カバー・扉イラスト	祖父江ヒロコ
ブックデザイン	下野ツヨシ（ツヨシ＊グラフィックス）
本文DTP	下野恵美子（ツヨシ＊グラフィックス）
本文イラスト	松尾花穂
協力	鈴木英史、緒形まゆみ、土屋史人 （一社）石見音楽文化振興会
写真	オザワ部長、（株）スタジオコバ 原口一正、横山英雄、二瓶武廣
発行人	中村公則
編集人	中村公則
編集	小松義幸
発行所	株式会社 学研プラス 〒141-8415 東京都品川区西五反田2-11-8
印刷	中央精版印刷株式会社

●この本に関する各種お問い合わせ先
本の内容については、下記サイトのお問い合わせフォームよりお願いします。
　https://gakken-plus.co.jp/contact
在庫については　Tel 03-6431-1250（販売部）
不良品（落丁、乱丁）については　Tel 0570-000-577
　学研業務センター　〒354-0045 埼玉県入間郡三芳町上富279-1
上記以外のお問い合わせは Tel 0570-056-710（学研グループ総合案内）

学研の書籍・雑誌についての新刊情報・詳細情報は、下記をご覧ください。
学研出版サイト　https://hon.gakken.jp/
学研音楽事業室扱いの書籍・楽譜などの新刊情報・詳細情報は、下記をご覧ください。
学研おんがく.net　https://www.gakken.jp/ongaku/